优势谈判

商务洽谈致胜秘诀

朱坤福　◎著

台海出版社

图书在版编目（CIP）数据

优势谈判：商务洽谈致胜秘诀／朱坤福著. —北
京：台海出版社，2020.12
ISBN 978-7-5168-2785-7

Ⅰ. ①优… Ⅱ. ①朱… Ⅲ. ①商务谈判 Ⅳ.
①F715.4

中国版本图书馆 CIP 数据核字（2020）第 208932 号

优势谈判：商务洽谈致胜秘诀

著 者：朱坤福

出 版 人：蔡 旭
责任编辑：王慧敏

出版发行：台海出版社
地 址：北京市东城区景山东街 20 号 邮政编码：100009
电 话：010-64041652（发行，邮购）
传 真：010-84045799（总编室）
网 址：www. taimeng. org. cn/thcbs/default. htm
E - mail：thcbs@126. com

经 销：全国各地新华书店
印 刷：三河市三佳印刷装订有限公司
本书如有破损、缺页、装订错误，请与本社联系调换

开 本：859 毫米×1168 毫米 1/32
字 数：190 千字 印 张：9.44
版 次：2020 年 12 月第 1 版 印 次：2021 年 3 月第 1 次印刷
书 号：ISBN 978-7-5168-2785-7

定 价：59.00 元

前　言

　　谈判是人类交往行为中一种非常普遍的社会现象，古今中外，大到国与国之间的政治、经济、外交、科技、文化的相互往来，小到企业之间、个人之间的联系与合作，都离不开谈判。在诸多涉及不同领域的谈判中，商务谈判正在企业的营销管理中扮演着越来越重要的角色：一场场的谈判决定着你生意的成败，决定着你事业的前途，决定着你能不能得到他人的认同和支持。所以，在这场利益争夺的战场上，你要为自己准备一件得心应手的"撒手锏"。

　　在武侠小说里，常有一句话叫"一招鲜，吃遍天"。其实，在谈判的过程里也有类似的学问。这里的"一招鲜"，就是你在谈判中致胜的"撒手锏"，即在谈判过程中己方的优势所在。任何一个优秀的谈判者，都要通过灵活运用自己在谈判过程中的最大优势，从而达到"吃遍天"的目的。

　　其实，每个优秀的谈判专家，几乎都拥有自己引以为傲的谈判特点。比如，日本三井重工的杰出谈判代表三木一郎，他最大的优点就是快速向对手发问。在谈判的僵持阶段，当局面难以打开的时候，三木一郎能够凭借自己灵活的反应，在激烈的争吵中用快速的发问，达到一次又一次驳斥对手的目的，一步步占据谈判的主动。如果说三木一郎的特点是一个"快"字，那么俄罗斯西伯利亚石油集团的著名谈判代表阿尔沙文的特点却是一个"慢"字。性格稳重的阿尔沙文，喜欢用温和的语气和微笑来化解对手的攻击，无论是多么紧张的谈判局面，他的微笑和开朗，都能顺利把谈判带回到友好和平的气氛中来，最后达到双赢的谈判目的。而美国福特汽车集团的著名谈判搭档杰奎兄弟，则是谈判中"一唱一和"的代表，在每次谈判中，兄弟俩互相配合，像中国曲艺里的"说相声"一样，轮番发起进攻，而且配合得十分默契，经常能够收到事半功倍的谈判效果。这些谈判专家们独特的谈判特点，长久以来也成为无数后辈们学习和模仿的对象。但是，这些特点真的可以学到吗？

对于年轻的谈判者来说，名人的经验固然值得借鉴，但是每个谈判者的素养不同、性格不同、爱好不同、知识层面不同，也就决定了每个谈判者的谈判特点不同。因此，一个优秀的模仿者，并不一定是一个优秀的谈判者。相反，谈判者的优秀素质在于他能够根据自身的性格特点和知识结构，设计出适合于自己的谈判特点，练就属于自己的"撒手锏"。而这些素质，是需要每个谈判者结合自身的情况来培养的。

在这方面，英国著名的谈判专家、英国广播公司（简称 BBC）广播电台的"铁蝴蝶"杰奎琳无疑是一个典型的代表。

杰奎琳还是一个懵懂的新人，初次走上谈判舞台时，与她搭档的，是当时 BBC 电台的几大王牌谈判代表。后来，杰奎琳在回忆自己的谈判生涯时，曾经发出这样的感叹：第一年，她想学卡尔的机智，但经过一年后她失望地发现，自己没有卡尔这么快的反应速度；第二年，她又想学南茜的气势，但经过一年后她又失望地发现，自己并不具备南茜那样居高临下的气场。在经过了无数次的失败之后，她终于找到了自身的优势所在，因为她终于发现了自己拥有良好的记忆力和丰富的知识，所以在谈判的过程中，她完全可以扮演好一部"活字典"的角色。正是这个认知使她找到了谈判致胜的诀窍，在以后的日子里，她不断训练自己在这方面的能力，帮助 BBC 集团赢得了一次又一次谈判大战的胜利。杰奎琳的名声也因此不胫而走，成为 BBC 电台的明星谈判专家。

那么，从杰奎琳走向成功的过程中，作为一个初入谈判场的年轻人，究竟应该怎样去练就属于自己的"撒手锏"呢？

首先，要给自己一个定位。一个是对于个人特点的定位，另一个是对于自己在谈判中扮演角色的定位。就像许多一辈子没有在银幕上演过主角的演员一样是艺术大师一样，一个没有在谈判桌上扮演过主角的谈判者，一样可能成为杰出的谈判大师。主角并不是每个人都可以做的，对于自身的了解，则是需要一次次的谈判实例来实现。年轻的谈判者在这个过程里，应该不怕失败，"输得起"，只有经历过一次次谈判实战的磨炼，并且在磨炼中认真反思自己，才能真正找到自己适合的角色位置。如果不能自我定位，那谈判的撒手锏，可以说无从谈起。

其次，要忍受得住漫长的寂寞。一种"撒手锏"的炼成，就像罗马不是一天建成一样，需要漫长的积累和锤炼，更需要实战中经验的培养，没人可以通过短暂的努力就练就杰出的才能。

而在这个过程里，不容回避的却是一次又一次的挫折，还有在挫折中轻易改变自己的可能。这些都是年轻的谈判者们需要注意的。只要确认了自身的定位，就应当毫不犹豫地朝着这个方向努力，行百里者半九十，许多谈判者的遗憾，在于经历了挫折以后轻易放弃，以至于功亏一篑。

第三，要与谈判的同伴频繁沟通与交流。在这个信息化的社会，没有人可以在封闭的环境中练就杰出的才能，那些武侠小说里某某高手闭关后练就神功的说法，也只能存在于想象中。一个杰出的谈判代表，是在孜孜不倦的学习中成长起来的，而不是在封闭的环境里造就出来的，这需要谈判者有学习的态度，能够准确地发现同伴们的优点，也更需要他有广阔的胸襟，能够容忍彼此之间的分歧。对于谈判者来说，这不仅仅是业务能力问题，更是个人素质问题。

"宝剑锋从磨砺出，梅花香自苦寒来。"是的，要想成为一名优秀的谈判者，在成长的道路上，你将面对漫长而艰辛的过程。能够从这个过程中走出来的人，才能真正赢得同伴和对手的尊重，并为自己创造无限的可能。

朱坤福

2021 年 2 月 21 日于朱氏药业集团总部

目　录

第八章 灵活排除谈判的障碍，别让僵局变结局 / 231

第九章 摆出双赢姿态，让对方得到一些心理安慰 / 261

第一章　未雨绸缪占先机，
谈判不打无准备之仗

　　"凡事预则立，不预则废。"谈判是一场没有硝烟的战争，想要在风云变幻的谈判桌上取得成功，使自己处于有利的地位，就一定要做好充分的准备。准备得越充分，掌握和搜集的信息越多，了解的情况越全面，在谈判中获得的优势就越大。

只有足够了解对手，才可能打败对手

英国哲学家培根在《谈判论》中指出："与人谋事，一定要知道这个人的性格，弄清楚这个人谈判的目的，这样才能劝导对方；你了解对手的弱点，才可以恐吓并劝其让步；与那种狡猾的人谈判，要记住他想要什么，这样才能把握住谈判的核心，找到新的突破口。在进行任何谈判时，不要妄想一蹴而就，只有通过一步步诱导才能顺利地谈成。"这就是说，在谈判中，对对手情况的了解程度决定了谈判是否能顺利进行下去。

情 景 再 现

2019 年 5 月，山东东贝医药科技有限公司李经理在英国伯明翰与柯恩公司进行推销医药产品的谈判。谈判有条不紊地进行着，但是双方在谈到价格时产生了严重的分歧，导致谈判陷入了僵持，因为柯恩公司一直想压低价格。

由于李经理在谈判前就做好了充分的准备工作，对柯恩公司进行了深入了解，打听到其公司与其他合作方签订的合同都已撤回，因为这其中涉及了关税提高的问题。这时柯恩公司货品明显不足，处于急需用货的状态。正是因为在谈判前搜集到了这样的信息，李经理在谈判中沉着应对，没有答应对方一再压低价格的要求。终于与对方以相对较高的价格达成了协议，保证了公司的利益。

谈判之道

可见，谈判者要想说服对方，就要仔细研究对方，真正了解对方的需求，再运用适当的表达方式，有的放矢地采取相应的谈判策略。为此，出色的谈判者会从以下几点入手去了解对方。

1. 对方的弱点

如果对方暴躁冲动、容易被外界影响，谈判者可以交替使用激将法、专业影响的谈判方式；如果对方优柔寡断，犹豫不决，谈判者可以使用提供事实和案例的谈判方式；如果对方时间紧迫，谈判者可以利用时间期限去迫使对方让步。总之，在谈判中，如果你能够掌握并抓住对方的弱点，就可以有针对性地突破。

2. 对方的优势、长处

每个人都有自己最擅长、最乐于向人提及的长处。例如，有人语言表达能力非常好，有人洞察力高超，有人长袖善舞、八面玲珑，有人进退有度、拿捏得当，有人幽默风趣，有人学识渊博。掌握了对方的长处，谈判者就能畅所欲言，更容易说服对方。比如，如果对方是一个表现欲望强烈且自负的人，你可以这样对他说："现在正是发挥你潜在能力的最好机会，给大家展现你的魅力吧。"

3. 对方当时的思想状态和情绪

在谈判中，参与者的情绪常常会影响到谈判的结果。比如，对方情绪较好的情况下，他就可能不太重视一些不那么重要的小利益，从而很爽快地做出让步；如果对方情绪不好，那么很可能对每一个环节都斤斤计较，毫不让步，要与这样的人达成协议，难度就会大很多。所以，一个出色的谈判者在与人进行沟通交流时，要想方设法地了解对方当时的思想状态和情绪，这对谈判的成败起着十分重要的作用。

4. 弄清楚对方潜在的利益

谈判者诉诸谈判桌的利益需求未必是其想要得到的全部利益。很多时候，人们最后要写在合同上的只是其利益需求的一部分。如果不能准确地把握对方没有说出口的想法，就不能很好地解决问题，所以，作为一个出色的谈判者，不但要考虑对方明面上的利益需求，也要把握对方的潜在利益，并对之加以甄别、分析、满足。

5. 注意对方的文化背景、民族背景

因为属于不同的国家、民族、地区、阶层，所以在长期的社会发展中，人们已形成了各自的称呼习惯和文化习惯。例如，英国、美国人习惯称已婚女为"夫人"，未婚女子为"小姐"，在比较严肃的场合，一般统称为"女士"。但如果在比较严肃的场合，错称已婚女为"小姐"，一般会被谅解。因为西方女性认为这是一个"令人愉快的错误"。另外，美国人比较注重时间观念，德国人更有规则意识，中东地区的人则对时间没有太高的要求。有经验的谈判者在做准备工作时会仔细了解对手的文化背景、民族背景等，以便做出正确的应对。

6. 了解对方的信誉及公司的状况

除了以上信息，谈判者还要尽可能详细地了解对方的信誉。公司的经营性质、经营状况、资金状况、主体资格等是对方的重要信息，在很大程度上影响着对方兑现承诺、及时供货、付款等能力，也是实力状态的重要判断标准。如果和经营状况很差、资金状况欠佳的对手谈大宗货物交易，即使达成了协议，也有可能因为无法兑现而使之前的所有努力都付诸东流。所以，谈判者要事先对这些信息了然于胸。

7. 了解对方次要谈判成员的信息

谈判是由人进行的，能否把握谈判团队成员的相关信息就显得格外重要。谈判者也要尽可能详细地了解对方次要谈判成员的信息，弄清楚其性格特点、专业程度、负责领域。如果有需要，辅助谈判的专家团等人的信息也要纳入信息调查范围。

朱氏箴言

招聘广告是获得谈判对手资料的一个有效渠道。一般来说，一个公司的运作需要依靠人来执行，而公司对人才的需要可以很好地反映一家公司的发展需求。谈判者可以通过对方公司的招聘信息来观察其人员需求情况。

时间、地点和团队，都关系到谈判成败

成大事者，天时、地利、人和缺一不可，谈判时也不例外。有经验的谈判者会尽可能地做好每一个环节，精心地选择利于己方的时间、地点和团队，将全部身心都投入谈判中去。

情景再现

山东朱氏堂医疗器械有限公司看中一位职业经理人，于是让人力资源总监王涛和对方进行谈判。在此之前，王涛已经进行了大量的铺垫和接触工作，却没有完全打动对方。好在他又争取到了一次宝贵的谈判机会。

这次，王涛和同事在会面之前进行了精心的准备工作。几经考虑后，他将见面时间选在了对方陪妻女打球时，这样的见面就会给人顺势而为的感觉，丝毫不觉得勉强，更不会造成什么心理负担。

地点则选在了球场一个安静的房间里，完全不会有人打扰，同时也消除了对方怕碰见熟人的顾虑。为了给对方充分的认同感和安全感，王涛和自己的团队还对房间进行了精心的布置：不仅仅房间的格局是对方喜欢的，就连沙发、桌布、窗帘等都选择了对方喜欢的颜色，同时，香薰也依照对方的习惯选择了

合适的类型，茶水也特意迎合了对方的喜好。在这样的氛围下，职业经理人自然被王涛的用心深深打动。接下来，王涛详细介绍了对方想要了解的信息和条件，彻底吸引了职业经理人的关注。

这时，一旁辅助的林拜通过对职业经理人的微表情的观察发现了对方态度的巨大转变，马上提醒王涛开始进行关键的现场演示，就这样，对方答应见一见将来的雇主。王涛终于在这一场谈判中获得转机。

谈判之道

在这个案例中，王涛的成功就得益于天时、地利、人和的兼备。时间和地点都有利于己方进行发挥，不会引起对方的防备。团队内部的配合也十分密切，谈判进程中随时关注对方的表情，一发现机会就提醒同伴。有了这一系列的完美契合，攻克对手几乎就是水到渠成的事情。在谈判中，有经验的谈判者也可以参考这个谈判团队的做法，充分发挥追求完美的精神和主人翁的意识，将整个谈判都控制在自己的"势力范围"内。

1. 选好谈判时间

人在不同的时间段的思维方式会有所不同。在不恰当的时间，人们会根据当时的思维方式和状态做出不恰当的决定。一般而言，休息日后的第一天早上，人们通常还没有进入工作状态；经过连续的紧张工作之后，人们的头脑会比较混乱，不容易专注地考虑复杂的问题；当人们的身心都处于低潮时，如长途跋涉后、炎热夏日的午后、饥肠辘辘或身体不适时，很难集中精力进行谈判。如果把时间选在这样的时候，谈判者容易焦躁不安，思考力和判断力下降，工作没有效率，很不利于达成双赢的谈判结果，甚至还可能会两败俱伤。所以有经验的谈判者要尽可能地避免选择这些时机进行谈判。

另外，一些季节性或节日性的时间也会对谈判产生影响，如在夏天洽谈保暖类产品的业务、淡季时进行旅游业务谈判、冬天探讨关于制冷产品的业务都有利于买方获益，反之就会形成卖方市场。

2. 尽量选择主场谈判

有经验的谈判者会尽量选择有利于己方的主场谈判。所谓主场谈判，就是指在某一方谈判者所在地进行的谈判。比如，甲公司和乙公司谈判时，将谈判场地安排在甲方公司内，那么甲方就处于主场谈判的位置；反之，乙方则处于主场谈判的位置。

对于主场谈判者来说，选择主场谈判可以使自己拥有更多的主动权和主导权：在熟悉的环境里工作，会拥有更多的安全感；同时也有利于充分发挥自己的信息渠道的作用，及时获得各种影响谈判结果的信息；此外，一旦遇到问题，能够随时与上级、顾问团交流沟通。总体而言，主场谈判益处大于弊端。所以，即使需要投入一定的时间、精力、成本，有经验的谈判者也愿意选择这种更为积极的方式。

3. 建立配合默契的团队

谈判归根结底还是人的交锋，所以有经验的谈判者在做准备工作时会将建立配合默契的团队作为谈判的重中之重。这有利于谈判者随时就碰到的问题进行有效的沟通，可以有效地调节气氛，化解双方的冲突、尴尬等；也能够在谈判中做到术业有专攻，从不同的角度满足客户需求，及时高效地解决问题。比起随随便便的一个人或几个人就开始谈判，高效、高素质的谈判团队本身就是对对方的极大尊重，能够充分调动起对方的兴趣。此外，团队合作有助于控制谈判节奏，当谈判进入僵局，谈判者就可以用"向领导请示""中场交流，交换意见""拿资料"等理由暂停谈判，为己方争取更多的时间。

朱 氏 箴 言

一般而言，上午9点至11点、下午3点至5点是比较理想的谈判时间。在这些时间里，人们精神饱满，思路清晰，身心都处于最好的状态，更有利于达成较好的谈判结果。

精选己方人员，组成最佳谈判阵容

大多数情况下，谈判需要谈判人员集中精力、全力以赴才能达到目的。整个谈判过程涉及方方面面的利益和知识，对谈判人员的专业性要求非常高，更因为谈判期间的情况复杂多变，随时都可能发生让人意想不到的变故，即使是优秀的谈判者，也会遇到各种无法独自解决的问题。所以一场谈判的成功往往需要多个谈判者通力协作、密切配合，最终才能够将每个谈判人员的潜力发挥到极致，最大限度地实现己方的谈判利益。倘若不能做到这一点，谈判者就会无功而返。

情景再现

　　山东皇圣堂药业有限公司派出一支采购谈判团队与供应商谈判。由于需要了解采购物品的质量与性能等参数，因此采购谈判团队中既有采购人员，也有技术人员。然而，采购人员和技术人员在谈判前未进行充分的沟通，包括在谈判中的配合事宜。

　　结果，就在采购人员好不容易砍价到一定程度时，不料技术人员却着急了，便当面埋怨采购人员："像你这样砍价，万一影响产品质量怎么办？"然后，技术人员又转向供应商说："要是他再砍价，你们就别卖给他！"

　　当供应商在采购人员"砍价"的凌厉攻势下，就要做出降价决定时，不料采购阵营内部"分裂"，于是供应商做出一脸无奈的样子，说："我们真的降到底了，正像您这里的技术人员所说，再降价，就是质量规格低一些的产品了，恐怕你们的生产部门也不会接受。"结果，采购人员当场被噎住，价格未降到预期的程度，还把"内部不和"的"家丑"外扬到了供应商那里。

谈 判 之 道

出现这种情况，一个重要的原因就是采购谈判团队在角色分工与合作上沟通不足，以及选人上有欠缺，导致采购谈判团队未能"并力作战"。

所以，有经验的谈判者会在谈判开始之前就多方考察，不断权衡，精选己方人员，想方设法地全面了解每一个成员，考察他们的性格特征、能力状况，将不同的人放在不同的位置上，组建出一个最佳谈判阵容，以最好的状态应对。

1. 控制谈判团队的规模

在谈判这个问题上，要对付强有力、有备而来的谈判对手本身就已经是一件非常困难的事情了，再将精力放在团队建设、内部制衡和管理上，无疑会极大地消耗谈判人员的精力，降低谈判的效率。所以，要想实现高效谈判，就必须将谈判团队人数控制在既不造成人员浪费，又能够保证谈判顺利进行的范围内。一般来说，谈判团队的人数取决于谈判涉及的交易规模和对方的出席人数，通常以4~5人为宜。这是因为，4~5人最容易形成一个稳固的、便于管理且具有高效执行力的团队，很方便小组负责人直接将指令下达到每一个人。以商务谈判为例，团队里通常需要一名专业技术人员、一名商务人员、一名法务人员，其他的人员根据谈判的具体需要适当配备即可。需要注意的是，不管谈判团队有多大，都要精选团队中的每个人，尽量做到都能独当一面。

2. 注意人员性格互补

不同性格的人的处事方式、思考方式等会有很大的不同，在谈判团队中也会发挥不同的作用。比如，工作细致、有责任心、沉着、随和、作风较民主的人，虽然遇到重大问题的时候比较优柔寡断，但由于情绪稳定，能够顾全大局，比较适合担任小组负责人；思维敏捷、幽默、有活力、善于交际的人虽然情绪比较容易波动，且对事物浅尝辄止，但是人缘好，非常适合做联络工作和调停者；急性子的人直爽坦率、敢说敢做、行动果断，在谈到关键问题的时候非常适合充当"红脸"的角色；办事细致、口风紧、沉默寡言的人比较拘谨，难以适应环境刺激，更适合担任书记员的工作，如进行资料准备、资料分析等。因此，有经验的谈判者在选择人员时会多注意不同性格的人员的互补性，尽量取长补短，使团队的优势发挥到最大。

3. 团队成员的年龄和身体状况

很多时候，一个合作协议的达成需要双方长时间、多次地进行协商。在这个过程中，谈判者不仅需要强大的心理承受力和足够的业务素质，更要有旺盛的精力和强健的体魄，以免因为谈判者的身体原因使谈判半途而废乃至造成严重的后果。所以，有经验的谈判者在组建谈判团队的时候，一定要慎重考虑成员的年龄和健康状况，综合多方面的因素考察其是否适合承担谈判工作。

4. 团队成员的专业知识

谈判考验的不仅仅是谈判者个人的口才和应变能力，更是对其专业知识的考验。首先，谈判负责人必须对谈判所涉及的业务知识了如指掌，能够应对对方关于产品、技术等的一切业务方面的质疑；负责法律支持的谈判者必须对相关的法律知识融会贯通，在任何情况下都能够捍卫己方的利益……一句话，谈判团队中的每个人都必须在自己擅长的领域拥有丰富的专业知识。当然，在遇到重大的、专业性非常强的谈判，如国际贸易谈判时，必须有更多的人参与才能保证谈判的顺利进行。团队负责人在组建团队的时候也可以在每个专业领域选择一名责任人，然后由该责任人直接管理其他的相关人员，而团队负责人只需要管控各个小组责任人即可。

朱氏箴言

在对技术条款的洽谈中，要以专业技术人员为主要负责人，其他人为辅；在商业条款的洽谈中，商务人员和运营人员担任主要的谈判任务；涉及法律方面的条款时，则以法务人员为主谈人。当然，小组负责人也可以根据谈判的具体进程灵活调整主谈人和辅谈人的人员配置。

巧妙安排谈判座位，为成功做好准备

谈判往往牵扯到利益的分配，是职场中的重要组成部分。谈判双方在谈判的过程中进行着全方位的竞争，每一个细节的优势都有可能决定谈判最终的结果。

在对谈判座位安排的研究方面，我们发现当人们在桌子两侧就座后，就会无意识地将桌面分为两块"领地"，而且反感对方对自己"领地"的侵犯。在餐桌上也是如此，当人们入座后，他们各自"领地"的"分界线"很可能是用调味瓶、酒瓶、烟灰缸或其他餐具来划分的。基于这个理论，谈判者总是寄希望于通过侵犯他人的谈判领地给对方的心理施加压力，取得一定的优势。

如果仔细观察，你会发现会谈的谈判桌的宽度远远超过人们常用的办公桌宽度。这样的目的是让谈判双方处于更加公平的地位。即使一方与会人员做出比如伸胳膊、打手势等超出自己的"领地范围"的动作，也绝不会侵犯到对方的"领地"。所以，谈判桌的宽度一般为日常办公桌的两倍或三倍。虽然整个谈判桌看起来很大，而实际上只等于两个独立桌子的拼合。因此，这也就意味着每一方都有自己的桌子，因而也就不会导致"侵犯"的发生，让双方感到愉快。

情景再现

在一些重大事件中，谈判的座次被赋予了特殊的象征意义。有时会因座次的安排不当引起纠纷。一个典型的事例是朝鲜停战谈判。谈判的中心刚好在三八线上，并用一个标志来突出这条线。在575次谈判会议中，双方代表各占一边，界限分明，从来不越过对方的地盘，甚至双方连放在桌子中间的烟灰缸也不使用。

类似的事件不胜枚举。在针对越南战争的巴黎和谈时，一个棘手的问题让谈判停滞了几个月，甚至面临着崩盘的危险，这个问题竟然是谈判桌的大小和形状，形式问题被赋予了太多的含义。美国最初提议：摆上两个相对的长方桌，让双方各按自己的想法安排自己的座位。北越反对，认为应该是四派力量而并非是两方。于是建议采取四方代表，结果都没被采纳。这个问题一直拖到1969 年 1 月 15 日，在桌子问题讨论后的第十个星期，才最后达成协议：用一个直径达 2.6 米的完整圆桌，在它两边相对各放一张长方桌，这样就显得隔成了两方（没有特定标记）。长方桌是供书记人员使用的，离圆桌约半米，刚够一个人在中间行走。

谈判之道

在现代各种商务谈判以及日常生活的谈判中，我们不妨向有经验者学习一些技巧和方法，从而巧妙地安排谈判座位，为谈判成功做好准备。

1. 掌握常见的座位安排原则

按照参与方的数量，谈判可以分为多边谈判、双边谈判，其中多边谈判即多方力量参与的谈判；双边谈判即只有两方力量参与的谈判。不管是多边还是双边，谈判者都可以按照方桌式或圆桌式座位安排进行谈判。

（1）方桌式。方桌式谈判分长形谈判桌谈判和方形谈判桌谈判。在这种座位安排下，谈判桌横放，谈判主方坐在背对着门的方向，客方坐在面对着门的方向；双方主谈者坐在中间，而辅谈者按照身份的高低依次坐在主谈者的右方或两侧。这样安排的好处是便于直观地判断每个成员在谈判中的具体位置。对谈判主方来说，让客方面门而坐也能够使其面部表情、肢体语言等微小的能够反映其内心的信息更好地暴露在主方人员的眼中，从而为谈判决策做辅助。这种方式比较适合严肃、严谨、正统的谈判，座位安排有严格的准则，且不同的就座方式的优劣较为明显，更适合双边谈判。

（2）圆桌式。指的是选择圆形谈判桌的谈判。与方桌式谈判相同的是，在双边谈判中，圆桌式谈判的座次安排也常常要遵循主方背门而客方面门，辅谈者落座主谈人两侧的原则；但如果是多边谈判，这种谈判中的优势就会极大地发挥作用——安排更为自由和灵活，更便于营造轻松友好的气氛，这也是很多人参与的宴会通常采用圆桌的原因。

2. 利用座位安排制造优势

只要运用得当，座位安排也可以帮助谈判者制造一些优势。比如，谈判者可以将对手的座位安排在光线更为舒适、座位更为软和的地方，用舒适的谈判氛围使对方放松戒备更容易接受己方的观点；谈判者也可以将对手的座位安排在较低并且光线较暗的地方，这样对方长时间处于这种不适、压抑的境地，很容易产生疲劳感，对很多细节问题不会做长时间的争执。

朱 氏 箴 言

正常情况下，谈判桌椅要以宽绰、明净、考究为选择原则，不过其大小应该与环境和谈判级别相适应：谈判场地大，或谈判级别高，桌椅就要选择较大的；反之，就要选择较小的。

准备多套方案，谈判时才能信心百倍

谈判总是以某种利益的满足为目标，且建立在人们需要的基础上，这是人们进行谈判的动机，也是谈判产生的原因。为了达到自己的目标，在谈判之前，做好充分的准备是非常必要的。有时，一次谈判并不能使双方顺利达成协议，这个时候如果想要掌握主动权，就必须多设计几个方案，多了解一些信息，将方案制订好。这样在对方提出异议的时候，就可以轻易地将这些问题化解，从而赢得谈判的胜利。

情 景 再 现

山东煜和堂药业有限公司有一位推销员的业绩一直很好，他也认为自己的工作做得非常出色，能力很强。他是推销准分子激光仪的，每次都会把准分子激光仪的种种优点从头到尾说一遍，把顾客说得非要买他的产品不可，并认为他的产品是最好的。

但是有一次，来了一位对准分子激光仪很有研究的人。这个推销员不明就里，还是按照以前的推销方法，大谈自己准分子激光仪的优点。这位顾客一直都没有说话，等他说完之后，才指出了他说法当中的很多漏洞，并表示实际上他所推销的准分子激光仪并没有那么好，甚至比其他准分子激光仪还差很多。

推销员没想到会遇见这种情况，一下子慌了。最终，为了不造成恶劣影响，推销员以非常低的价格把准分子激光仪卖了出去，连成本都没有保住。

谈 判 之 道

推销员之所以会谈判失败，就是因为他没有多准备几套谈判方案，没有想过顾客是"行家"时应该怎么做。同样的道理，谈判者千万不要自负地以为只想出一个方案就可以了，不会有什么意外情况。要知道，很多时候，谈判中的很多因素都会影响到谈判的走向，如谈判者的情绪、对手的性格特点和喜好、双方在利益分成上的分歧等，都有可能使谈判按照不同的形式进行，甚至会导致谈判的失败。如果谈判者事先没有准备足够的备选方案，一旦情况有变，由于事先没有与己方成员达成一致而导致内部纷争和矛盾，给对方造成可乘之机，就有可能将自己逼到死角。即使没有被迫接受对方的条件，也会打乱己方的部署，增加谈判成功的难度。

也正因如此，在谈判前，有经验的谈判者宁愿多花些力气，找出几种可供自己选择的方案，这样就可以在不同情况下根据不断变化着的双方实力对比、事态趋向、发展转机等多种因素，选择一种或几种合适的方案。即使谈判期间某种方案无效，谈判者也不会手忙脚乱，而是可以提出另外几种方案供对方选择。

不仅如此，有经验的谈判者还会根据每个对手不同的专业背景、学识、个性、习惯等，准备不同的谈判方案。

1. 犹豫不决型的人

这一类人通常很难做出决定，经常会受新出现的问题的影响而动摇立场，以至于习惯性地抛出一系列的托词和借口。面对这种情况，有经验的谈判者会找到对方犹豫的原因，弄清楚他的真实想法，知道对方到底在什么问题上有顾虑，同时可以将自己与竞争对手的优点、远景、实力等方面的对比清楚地写进方案里。

2. 眷恋不舍型的人

他们往往给人以若即若离的感觉，想拒绝，却又舍不得；考虑周全，却又有很多顾虑。由于迟迟不能做出明确的决定，谈判工作经常会长时间没有进展。对这种人，有经验的谈判者会事先将与对方利益相关的问题明确地列出来，并制订出相应的应对方案，评估出对对方来说最具针对性、最实质的问题，一开始就让对方明明白白地面对问题，不给其回避问题的机会。

3. 悲观失望的人

这种类型的人看待问题往往比较悲观，经常会更关注产品或服务的缺点而不是优点。如果以往有不愉快的体验，他们就很容易全盘否定同类产品。与这样的人谈判时，有经验的谈判者在制订方案的时候会了解原因及使用细节，从多个层面、多个角度给出解决方案，然后在谈判中使用开放式的提问，诱导其说话。

4. 自高自大型的人

这类人自以为是，经常看不起他人。对付这类人，有经验的谈判者会多多赞扬他们，在言语中抬高对方的地位，如"您是专家，我进入这个行业的时间不长，您以后还得多教教我呀！""这个方面的情况您也知道呀！"另外，谈判方案的设计可以从专业的角度详细分析产品或服务的卖点，然后在谈判中多用行话和专业术语展示自己的权威性和专业性。

5. 咄咄逼人型的人

他们一般十分霸道，时不时会打断他人的发言，好胜心强，喜欢掌握主动权。对这种类型的人，有经验的谈判者除尽可能在关键点上与其达成共识外，还会在制订方案时围绕双方谈判的目的，详细考虑各种可能因素的应对方案，然后围绕方案和主题进行谈判，不给其节外生枝的机会，以免不经意间挑起其敌对情绪。

朱 氏 箴 言

在制定谈判议程表的时候，谈判者要控制议程的数量，最多不超过四个。如果确实有必要制定更多个，可以把相关问题作为附属议程放在主议程下面。

调节好心情，以积极的心态面对谈判

好的心情就像是润滑剂，能让你的人际交往更加顺利。在谈判中，面对各种突发状况，如果能迅速调节好自己的心情，始终保持一个积极的心态，就会无形中增强我们的人格魅力和气场。麦当劳公司创始人雷蒙·克罗克曾说过："我学会了如何不被难题压垮，我不愿意同时为两件事情操心，也不让某个不管多么重要的难题，影响到我的睡眠，因为，我很清楚，如果我不这样做，就无法保持敏捷的思维和清醒的头脑对付第二天早晨的顾客了。"

因此，想要拥有好人缘，以及融洽的关系，你就要善于调节心情、释放不良情绪，保持积极、乐观的心态。这样在交往中会展现出最鲜活乐观的一面，给人战无不胜的印象。

情景再现

一个年轻人需要更换他的电子记事簿里的电池。他给一家商店（无线电音响城）打电话，那里的店员留下了他的电话号码，说会给他回电话。一小时以后，那位店员还没有回复他电话。因为一直没收到回复电话，他很生气，于是就乘公交车去了这家无线电音响城。

他走近柜台，向两位店员中的一位说要买这种电池。就在离柜台很近的地方，电池很快就被找到了。他就问刚才电话接待他的那名店员，为什么没有给他回电话。

这个年轻人被告知店里很忙。于是他问那位店员："你会拿销售佣金吗？""当然拿。"店员告诉他。年轻人语气强硬地说道："那么，我希望这些电池能折价卖给我。我要你的佣金。"这两位店员说他们不可能那样做，年轻人提出要见他们的经理，店员告诉他今天经理不在。年轻人又说："那告诉我你们经理的名字。"

店员给他一张经理的名片，他看了看那位没有回复他电话的店员的胸卡，把这位店员的名字写在了名片的背面。年轻人说："我现在不买这些电池了！"说完，他就迅速离开了这家商店。

他很生气地又乘车回到公司，拿出电话本想找经理投诉。在黄页里他看到了"百思买"商城的电话，这是一家新开的店，就在无线电音响城的对面。这家新店让他忘记了刚才的一切。他浏览了"百思买"的网站，看到这家店里有他想要的那种锂电池。最后他乘同一路公交车回到刚才那里，并在"百思买"购买了他需要的那种电池。

谈 判 之 道

是什么让这位年轻人没能在第一家音响城购买到自己需要的

电池呢？又为什么他没有在第一家出来后去对面的"百思买"逛逛呢？很显然，是愤怒和不满的情绪控制了他的思维，他当时的头脑里充斥着向经理投诉那位店员的事情，已经没有心思考虑自己的电池问题了。

可见，带着情绪谈判是多么不利的事情。正所谓心态好，运气就好。那怎样学会控制自己的情绪，调节自己的心情呢？首先，要学会在遇到突发事件的时候保持平静的心情，只有心情平静才能保证头脑的清醒。当你快要愤怒的时候，默默地在心里告诉自己"不要生气""你还有更重要的事情要做"，久而久之，你就会养成这个自我提醒的好习惯。

谈判中，谈判双方都会为自己争取最大的利益，就难免会出现唇枪舌剑、左右冲突的场面。而这是十分不明智的，在激烈的谈判中，双方很容易陷进辩论中导致头脑的不清醒，影响谈判的结果。而心平气和却往往能使僵持的谈判发生转机，这在以价格为中心的谈判中更为常见。

其次，要练习每天结束的时候试图让自己的心情归于平静，试着在每天晚上躺在床上的时候审视今天的自己。你可以学着做深呼吸，在只有自己呼吸声的空间里放空自己，让今天的自己归于一张白纸。此外，要学会全面观察问题，在谈判中经常会跟对方存在意见分歧，那就要从多个角度审视问题，避免过于偏激的想法，这样得出的判断才是正确的，才能找到能说服对方的理由。

最后，人不可能总是保持良好的心情，在遇到不愉快的事情影响到情绪的时候就要寻找方法将负面情绪发泄出去，可以找人倾诉，可以听音乐，可以看书，可以运动，不管采取哪种办法，只要有利于调节情绪，都不妨采用。

朱 氏 箴 言

谈判中，面对各种突发状况，如果能迅速调节好自己的心情，始终保持一个积极的心态，就会无形中增强我们的人格魅力和气场。

提前演练谈判场景，助你静下来总结经验

正式谈判之前，我们可以提前演练谈判时会发生的场景，使参加谈判的人员提前对谈判过程中的突发事件有个心理准备和适应过程，这样就不至于在谈判中控制不了场面。

谈判场景的演练，是谈判准备工作的最后一个阶段。我们有必要举行一次演练，以检验一下准备的方案是否适合，也提前感受谈判桌上的气氛。

情 景 再 现

家里的电脑出现了故障，想要购置一台新电脑。来到商场，

看到电脑的价格，你会发现它比想象中的价格高出很多。这时，你心里会想：用什么样的办法把价格降下来呢？

你需要购买一套房子，可是房子的主人却告诉你，低于 78 万元绝对不会卖，但你只有 60 万元，那么你该如何与他讨价还价呢？

想要出售你的那辆车子，因为自从买来后你几乎没怎么开过，而你的邻居恰恰需要购买。虽然他急用，但看起来他并不想为此付出太多的金钱。在可能的情况下，你要为自己多争取一些利益。对于接下来的谈判你有哪些建议？

你是一位负责销售建材的经理。一天，接到一位大型装潢公同采购部经理的电话，他希望与你商谈合作的具体事宜。他认为，一旦你们进行长期的合作，价格方面，你必须要给予最大的优惠。你也知道，这是一笔难得的好生意，当与他进行商谈的时候，你该怎么做？

谈判之道

事实证明，提前演练谈判场景是很有必要的，这样可以使参与谈判者获得一定的谈判经验，提高参与者分析问题和解决问题的能力，在心理准备和临场发挥上也是有帮助的。谈判者可以一次又一次地扮演自己或对方，能很快地熟悉实际谈判中的每一个环节，特别是对于首次参加谈判的人员来说，效果更加明显。具体做法很容易，参与谈判的人员分成两个小组，一组代表自己团队，一组代表对方团队，两组团队的工作人员要互相扮演好自己的角色。在演练过程中，两组人员应提出正式谈判中可能会遇到的所有假设性问题，代表对方的那一组一定要站在对方的立场看待问题，用对方的观点来反驳自己的方案，依据对方的需求进行谈判。

美国著名企业家维克多·金姆曾经说过这样的话：任何成功的谈判，从一开始就必须站在对方的立场来看问题。事实的确如此。谈判人员角度互换可以使他们在了解对方的同时更加了解自己，给参与谈判的人员提供了一次认识自己、分析自己的机会。站在别人的立场上能够比较客观地检验谈判方案的不足，意识到谈判中的失误，并及时做出调整。比如，你使用的方言，你的习惯性动作是不是给对方造成了压力和误解等。

演练锻炼了独立思考和分析问题的能力，从而使谈判人员在正式谈判中，能够快速做出反应。由于在演练过程中，参与谈判的人员可以一次次地扮演自己和对方，就会对整个谈判流程都非常了解和熟悉。特别是初次参加谈判的人员，不但消除了紧张感，还获得了宝贵的经验。

在谈判中，双方往往会因为产生误解而浪费大量时间，在演练的时候，对于假设性的问题要提高准确度，尽量向现实靠拢。那些有谈判经验的人应做出更多假设，他们身经百战，经验丰富，提出的假设比较有代表性，更能接近事实。拟定的假设性问题越全面，实际谈判中的胜算也就越大。

在进行谈判场景演练的时候，要注意以下几点。

1. 谈判方案是否可行

谈判方案是由参与谈判的小组成员共同制订的，是对谈判中将要发生的情景的一种大致猜想，本身会有一定的误差。谈判桌上会发生哪些意外是大家都很难预料的，它取决于参与谈判人员的现场发挥。再完美的谈判方案也会有不足之处和漏洞。事实上，谈判方案是否可行，只有在进行谈判的时候才能得到验证，不过，等到了谈判桌上才发现问题，往往已经晚了。因此，为了避免出现问题，我们需要验证谈判方案，检查方案中存在的问题和不足之处，及时调整优化它。

2. 提高谈判人员的谈判能力

由于演练谈判场景的时候，谈判对手是由己方的人员扮演的，因此对自己的方案非常了解，站在对方的立场上看问题就会发现方案中的不足之处。能够站在对方的立场进行换位思考，对参与谈判的人员来说，是一次了解自己的机会。

3. 演练谈判的内容

为了能够更好地发现问题，可以提前进行一次谈判内容的演练。谈判内容要具有针对性，要对双方容易误解的问题进行假设。不过，参与谈判的人员必须牢记，不要把这种假设运用到现实的谈判中，这只是一种推测，至于现实谈判中会不会遇到还不一定，所以，千万不要把假设性的问题看成是一定会出现的问题而较真，这样做是得不偿失的。

朱氏箴言

　　无论是大到几亿元的企业并购，还是小到一枚螺丝的定价，对于谈判双方来说都是一种挑战。也许你身经百战，有过无数成功的案例，但是，你还是需要演练一下谈判场景，这样有助于你静下心来总结经验。

第二章　开局时消除坚冰，
　　　　　创造良好的谈判氛围

谈判开局是商务谈判的前奏，是指谈判开始时，谈判双方寒暄和表态，以及对谈判对手的底细进行试探，为影响和控制谈判进程奠定基础的行为与过程。谈判开局的具体目标是建立适宜的谈判气氛，为实质性谈判提供策略依据。对整个谈判过程来说，尽管开局阶段只占很小的部分，而且看上去和谈判的主题没有太多的关系，可它却可以打破人际交往中怀疑、猜忌、疏远的坚冰，对谈判取得成功有着举足轻重的作用。

注意个人形象，为后续谈判开一个好头

我们都知道，只有当别人对你有好感的时候，他才会愿意敞开心扉，与你洽谈合作。在谈判的过程中，如果你的第一次亮相就能够给对方留下一个良好的印象，就可以为后续的谈判开一个好头。在心理学上，这叫作"首因效应"，也叫"第一印象效应"，它指的是人们在初次见面时给对方留下的印象，会在对方的心里占据主导地位。

情景再现

李韵是山东世纪通医药科技有限公司的部门经理，在职场上她是个不折不扣的女强人，个人业绩突出，各方面的综合能力都很强。有一次，她和一家公司进行业务谈判。对方公司的代表王强在谈判开始前，就十分认真地搜集谈判对手的信息。从搜集到的资料中，他了解到这位谈判对手，无论是从工作履历上还是从个人能力上来看，都十分优秀。王强不由得对她心生敬意，对这次谈判充满期待。因为他觉得，能够与一位出色的谈判对手进行业务洽谈，对自己也是一个非常难得的锻炼机会。

在谈判的那天，王强怀着满心的期待如约来到预定的谈判地点。可让王强没想到的是，他见到的李韵是这样一副打扮：一头蓬松散乱的长发，没有化妆，身上穿着一件宽松的 T 恤，下身是牛仔短裤，脚上穿着一双和板砖一样厚的人字拖，手上提一个麻袋似的大挎包。这样一副不修边幅的形象使得王强对她的好感度大打折扣。

双方刚一照面，李韵的表现很夸张，她先是尖叫着和王强打招呼："原来您就是大名鼎鼎的王经理啊！果然是年轻有为啊！"一边说着，一边主动伸出手和王强握手。王强明显感到李韵的手上有很多汗液，黏糊糊的，而且李韵握着他的手很长时间都没松开，这样的举动再次引起了王强的反感。

王强示意李韵坐下，以一种很正式的口吻问："咱们可以开始了吗？先把贵司的产品资料给我看看吧。"

只见李韵把大挎包打开，在里面手忙脚乱地翻了一通，过了好一会儿才拿出一沓皱巴巴的产品资料。王强在接过产品资料的瞬间，突然一下子不想谈了。他接过来随便翻了翻，看了几眼，然后对李韵说："要不这样吧，我把这些材料带回去给我们领导看一下，如果我们领导对你们的产品感兴趣，我再跟您联系。"

这场谈判刚开始，就已经结束了。

谈 判 之 道

在上面的故事中，李韵或许真的拥有出色的业务能力，可就是因为她的不修边幅，导致谈判对手对她的第一印象非常糟糕，以至于她的谈判能力无从施展，失去了用武之地。由此可见，谈判中的初次见面能否给对手留下一个好印象，对谈判开局至关重要，也会对一场谈判的成败有相当大的影响。

在谈判中，双方初次见面时如果你的穿着整洁得体，言谈举止落落大方，充满自信和认真的态度，这样往往就可以给对方留下好的第一印象。反之，如果不修边幅，言语粗鄙，行为轻浮，矫揉造作，则一定会给人留下一个不好的印象。

在心理学上有个观点：在相互的交往中，当一个人给另一个人的感觉或印象较好时，"喜欢"这两个字就会开始发挥作用。当和谁合作都可以的情况下，他会自然而然地与他喜欢的人去合作，这是人之常情。因此，留给别人的第一印象是与别人谈判的重要筹码之一，这么说真是一点都不为过。

想要在和谈判对手初次见面的时候，给对方留下一个好印象，你需要做到以下几点。

1. 在穿着打扮方面，要整洁得体

在正式的谈判场合，应该穿正装、皮鞋，打领带。服装最好选择暗一点的颜色，如黑色、灰色、咖啡色，因为这样会显得正式一点，而且有助于表现自己专业谈判人员的形象。对于女士的着装，颜色不宜过于鲜亮，否则会给人一种不够端庄的印象。在非正式的谈判场合，谈判者可以不穿正装，但也切记不能穿得太随便。

谈判者的发型应该得体，并且梳理整齐，千万不能留一些奇怪的发型，头发染得花里胡哨。

2. 在行为举止方面，要自然得体

站立的时候要保持端庄的姿态，不要倚靠着墙壁或者桌子，更不要弯腰驼背，一副松垮垮的样子；坐的时候，不要跷二郎腿或者抖腿，更不要四肢瘫软地坐在椅子上，这样容易给人一种态度散漫、不够严肃的印象；走路时要保持上身挺拔，视线平视前方，切忌左顾右盼。

在和对方握手的时候，力度要适中，握手的时间控制在三秒左右。握手时不要太用力，时间也不能太长，如果对方是异性的话，这样就更容易引起对方的反感。一般来说，在双方握手时，先伸出手的应该是作为东道主的一方，而男士则应该等女士先伸出手再和对方握手。晚辈则应该等待长辈先伸出手，再和对方握手。

3. 在礼仪礼节方面，要热情礼貌

在谈判的双方见面时，应该表现出应有的礼貌。例如，在相互介绍环节，根据商务礼仪，我们应该先把职位较低的谈判代表介绍给职位较高的谈判代表，先将年龄较小的谈判代表介绍给年龄稍大的谈判代表，以及先将男性谈判代表介绍给女性谈判代表。

在做自我介绍的时候要落落大方，千万不要流露出傲慢的神情，当别人介绍到自己的时候应该起立，点头微笑示意，或是礼貌地说一声"幸会""请多关照"等。在询问对方的姓名时，要说一些客套话，如"请教尊姓大名"等。在对方递过来名片时，应该双手接，不要只用单手。在双方互相介绍完之后，可以做一些寒暄，选择一些双方共同感兴趣的话题，以沟通感情，缓和紧张的气氛。

朱氏箴言

心理学研究表明，在人际交往中，第一印象的影响力持续时间最长，作用也最大，甚至比在后续接触中得到的信息对于一个人的整体印象所产生的作用都要强。一个人与他人交往时，初次接触给对方留下的印象，往往会左右着对方对他的评价，同时也决定着能否被对方记住。所以，倘若我们希望能够在谈判对手的心目中留下一个好印象，就不能忽视初次见面时的个人形象。

开场白说好了，谈判目标就达成了一半

一段好的开场白可以迅速拉近你和谈判对手的心理距离，营造出一种轻松愉快的友好氛围。即便双方是第一次合作，也能让大家如同老朋友见面一般产生亲切的感觉，使双方一起带着美好的期待，伴随着轻松愉快的好心情开启接下来的谈判。常言道，"好的开始就是成功的一半"，在谈判中，好的开场白就意味着既定的谈判策略成功了一半。因此谈判高手对此都十分重视。

情景再现

李阳是一名销售经理，任职于某安防产品公司。有一次，他来到客户张总的办公室洽谈业务。和张总一见面，他就热情地对张总表示谢意："张总，您好！非常感谢您今天能在百忙之中抽出宝贵的时间来接待我，我真的深感荣幸。"（感谢）

张总也是面带微笑，向李阳点头示意，招呼他落座，还特意吩咐秘书泡上一壶好茶招待李阳。

李阳又接着说道："今天我见到您，老实说我还有点意外，前几天在电话里我听不出您的年纪，今天一见面才知道，原来您这么年轻就拥有这么大规模的公司，真是佩服啊！"（赞美）

听着李阳的赞美之辞，张总有点不好意思，他笑了笑，谦虚地说："不敢当不敢当，我这个小公司想要做大做强，还有很长的路要走呢！我眼下取得的这一点小小的成就，也全都是靠着一些运气，还有合作伙伴的大力支持啊！"

"张总不仅年轻有为，而且还这么谦虚，懂得感恩呀！"（继续赞美）

李阳在停顿了一会儿后接着说道："张总，如今安防工作越来越受到各大企业的重视。作为一家这么大的公司的领导者，相信您一定特别关心应该如何对安防资源进行合理配置，在使用较少成本的同时，能创造一个更安全的经营环境。我今天特意过来拜访您，目的就是来和您聊一聊我们的安防产品，希望能够为贵公

司的发展贡献一点点力量。"（引出来访目的，关联客户利益）

"前几天在电话里听你介绍了你们公司的产品以后，我还是比较感兴趣的，今天特地约你过来，目的也是想认真地跟你聊聊这个话题……"张总微笑着和李阳交谈了起来。

谈 判 之 道

通常来说，在谈判的时候，不宜一开场就进入正题，聪明的做法是先选择一些题外话作为开场白，或者先说一些得体的场面话，先把双方的距离拉近，给对方留下一个比较好的印象，这样能够使接下来的谈判进行得顺利和愉快。

那么，在谈判中，究竟什么样的开场白才算好呢？

1. 礼多人不怪，客套话不能少

俗话说，"礼多人不怪"。开场白中的客套既是一种礼貌，也是日常交往中的文化，更是谈判中的礼节。因此，嘴巴甜一点，多说一些客套话，不仅不会引起对方的厌烦，还有利于双方的沟通。

尽管开场白看上去和谈判主题无关，可是开场白并非毫无头绪地闲聊，而应该有意识地通过它来争取对方的好感，与对方建立起良好的关系。所以，客套话应该要自然、亲切和真诚。比如，在非正式的谈判场合见到客户时可以称呼对方"李哥""王姐"等，这样的称呼会令对方感到亲切。此外，注意观察对方的衣着打扮，找准亮点并给以真诚的赞美，也会让对方感到心情愉悦；

向对方表达真诚的关心和问候，也很容易打动对方。

2. 少说消极的话语，多使用积极的暗示

杨捷是一位普通的销售员，最近他的业绩一直很不理想，让他苦恼不已。周末和朋友聚会吃饭的时候，他忍不住向朋友抱怨："可能我根本不是做销售的料吧。"朋友关心地向他询问后，才终于明白了问题所在。

原来，杨捷每次在见客户时，都是这样打招呼："王总，实在抱歉，在周末的时间还要打扰您，请您见谅。您现在有空吗?""不好意思，我想占用您几分钟的时间，为您介绍一下我们的产品可以吗?"这些开场白看上去似乎很有礼貌，却都是一些消极负面的暗示。

朋友对杨捷说："你没必要总是向客户道歉，因为你虽然耽误了他的时间，可你也是为了给他带去利益啊。想想看，假如客户购买了你的产品，然后因此获得了利益，他一定会非常感激你的。你一直道歉，意味着你的自信心不够，同时还给客户传递了很多负面的情绪。"

朋友建议杨捷改用一些积极的话语作为开场白，比如，"李总，您能在周末接见我，真是太荣幸了。今天我约您见面，是因为我有个好消息要告诉您……"这样的开场白既恰如其分地表达了自己的心情，同时也表现出对自己产品的信心，而且更重要的是，好的心情和情绪是可以让客户受到感染的，客户有什么理由拒绝一个能带给自己快乐的人呢?

后来，杨捷接受了朋友的建议，试着按照朋友说的去做，业绩果然得到了很大的提升。

好的开场白应该是积极向上的，能够给人一种良好的情绪感染。当双方一起坐在谈判桌上，无论是针对哪个方面进行谈判，大家都希望听到一些积极的信息。倘若一开始就给对方送去消极的话语，无疑对营造一个良好的沟通氛围是很不利的。因此，在谈判的开场白中，建议大家一定要多多使用积极的话语。

朱 氏 箴 言

在谈判时，一段好的开场白尤为重要。对于谈判对手来说，你在说第一句话的时候，他会比较认真。在你说完第一句话后，谈判对手就会自然而然地对你产生一种主观的印象。这种主观印象会影响他们对本次谈判的态度和预期。

迎合对方的兴趣，开口就赢得他人的好感

曾经有一家美国的电话公司为了了解哪些词汇在电话中最常用，详细调研了大量用户的电话内容。调查结果表明，人们用得最多的一个词是"我"。在 500 次的通话内容中，一共出现 3990 次的"我"。这充分表明了这样一个事实：人类是一种以自我为

中心的动物，人们对自己感兴趣的程度，远超大家的想象。这是人性普遍的弱点，谈判高手在说服他人时，往往会利用这一点作为突破口。

情景再现

邹进民是一家银行的职员。有一次，他需要准备一份关于某公司的重要文件。在工作的过程中，他得知有另外一家公司的董事长非常了解这家公司，并且手里还有一些那家公司的相关材料，于是他决定去拜访那位董事长。

当邹进民走进那位董事长办公室的时候，碰巧遇到董事长的女秘书进来报告："董事长，今天没有什么邮票可以给他。"

原来，这位董事长的12岁儿子非常喜欢收集邮票。

邹进民在说明自己的来意后，开始向董事长提一些问题，然而对方只是随口敷衍，回答得很简略。没多久，对方就找了个借口把邹进民打发出来了。

邹进民在回去的路上，突然想起董事长的儿子喜欢集邮，然后马上想到自己所在银行的外汇兑换部有各式各样的邮票，那都是些从世界各地寄来的信件上取下来的邮票。于是，他回到银行后，马上到外汇兑换部挑选了几张十分少见的邮票。第二天，他带上那些邮票再次来到了那位董事长的办公室。

见面后，邹进民拿出了邮票，说道："我今天带来了一些邮票，您的儿子应该会喜欢。"

董事长看了看那些邮票，喜悦之情溢于言表，他高兴地说："他一定会喜欢的！实在太感谢你了！"

接下来，董事长花了一个多小时的时间，滔滔不绝地将他所了解的关于那家公司的情况全盘托出，甚至还把下属叫进来帮着补充。

谈 判 之 道

古罗马有一位著名的诗人叫作西拉斯，他曾经说过："当我们对别人产生兴趣的时候，也恰恰是别人对我们产生兴趣的时候。"在上面的故事中，邹进民知道董事长的儿子对集邮很感兴趣，并且赠送了几张邮票给对方时，立刻就赢得了董事长的好感，顺利地为自己获取想要的资料扫清了障碍。由此可见，真诚地关心对方，迎合对方的兴趣，满足对方的需求，对取得谈判胜利大有帮助。

1. 通过聊天找到共同话题

在刚开始谈判时，许多人往往不知道该怎样进入主题。其实，不妨将对方的兴趣爱好作为切入点，这样容易给对方留下一个良好的印象，然后再循序渐进，逐步进入正题。只要你能迎合对方的兴趣侃侃而谈，对方就很容易与你产生共鸣，自然会卸下对你的防备心理，这将会为后面的谈判奠定一个好的基础。

在正式谈判开始之前，你可以先和对方闲聊，找到对方和你都感兴趣的共同话题或共同点。比如，来自同一座城市，毕业于同一所学校，等等。这样可以迅速地拉近你和对方的距离，打消双方的陌生感，为后续即将开始的谈判开个好头。

为了更顺利地找到对方的兴趣爱好和双方的共同点，你可以事先做一些功课，将对方的情况了解清楚。不过，这个办法也有局限性。对于那些第一次见面，或者是偶然接触到的谈判对象，就没法预先调查了，只能通过简短的聊天去推测对方的兴趣爱好。

2. 找准对方的关注点，不失时机加以赞美

心理学研究结果表明，在谈到自己感兴趣的事物时，人们的瞳孔会不自觉地变大，语速也会明显加快，表情会显得很兴奋。所以，假如在谈判过程中，当你在讲到某个话题时，对方出现了这些情况，你就可以判断：这是对方的兴趣点和关注点所在。在这个时候，假如你抓住对方的关注点，深入交流，并且不失时机地加以赞美，就很容易赢得对方的好感。

朱氏箴言

在谈判中，你肯定希望自己一开口，对方就会喜欢上你，这样在后续的谈判中，就能顺利达到自己的预定目标。要想做到这一点，你不妨利用对方渴望得到他人关注的心理倾向，先聊一聊对方感兴趣的话题。当你们之间建立起了好感以后，对方就会更愿意在谈判中做出妥协。

利用幽默开场，打消谈判对手的戒备心理

在谈判的时候，有时候巧妙地利用幽默开场白，可以迅速打消谈判对手的戒备心理，营造一种轻松愉快的谈判氛围，令对方能够积极地参与谈判，并最终欣然接受我方提出的要求。

情景再现

荷伯·科恩是一位美国著名的谈判大师。有一次，他去墨西哥城主持一场谈判研讨会。当他到达目的地时，却发现他打算入住的酒店已经没有空余的房间了。面对这种情况，你知道荷伯是怎么做的吗？

他径直来到酒店经理的办公室，直截了当地问对方："我现在非常需要一个房间，请问你能想办法给我安排一间吗？"

酒店经理十分肯定地回答："抱歉！我们所有的房间都已经住满了！"

荷伯·科恩接着问道："如果现在墨西哥总统来了，你打算怎么办？我想你们肯定能为他提供一个房间的，是不是？"

经理回答："这个自然，如果总统大驾光临，我们肯定会盛情款待。"

荷伯·科恩听完，笑着说道："好吧，总统先生可能要晚些时

候才能来，因此在他没来之前，能先安排我住在他那个房间吗？"

酒店经理不由得被荷伯·科恩的幽默和机智给逗乐了。

最后，荷伯·科恩如愿以偿地住进了一间"墨西哥总统的套房"。当然，这个房间有一个附加条件：如果总统来了，他必须马上让出。

不过这根本无关紧要，因为大家都明白，墨西哥总统不可能说来就来。

谈判之道

在紧张的氛围里来一点小幽默，就好像是往雪地上撒一些盐，可以瞬间就让雪融化成水。如果我们可以利用幽默的智慧，让对手在不知不觉中开怀大笑，就可以轻松实现我们的谈判目标。不过，需要注意的是，在运用幽默营造谈判氛围的时候，要遵循以下几点。

1. 注意场合

通常来说，谈判分为两种场合，一种是正式场合，还有一种是非正式场合。在正式场合谈判时，要尽量少用幽默，少开玩笑。而在非正式场合，可以根据具体的谈判对手，结合具体的谈判内容，在适当的时候运用一些幽默手段，营造出轻松愉快的谈判氛围。

2. 分清对象

要记住，不同的人对待幽默的态度和感受是不一样的。有些人不苟言笑，做事一丝不苟，对待谈判非常严肃。如果你跟他玩幽默，他很有可能会认为你对这场谈判不够重视，从而对你产生不满的情绪。反之，有些谈判对手性格开朗，你跟他玩幽默，他会觉得你是个很有趣的人，从而对你心生好感。换句话说，在运用幽默时，首先要搞清楚你的谈判对手是什么类型的人，千万不要搞错对象，开错玩笑。

3. 掌握分寸

虽然说幽默是谈判的调剂品，运用得好的话有助于活跃谈判气氛，但前提是运用适度。如果运用过度，就会起到反作用，给人留下一种嬉皮笑脸的印象。谈判是一件比较严肃的事情，应该用认真的态度去对待，假如你在对手的面前总是一副玩世不恭、嬉皮笑脸的形象，他可能会觉得你根本不重视这次谈判，没有诚意。这势必会给谈判带来不好的影响。

4. 避人忌讳

幽默是一种玩笑，可是玩笑却不一定幽默。因为有些人在开玩笑的时候，喜欢揭人的短，调侃别人的缺点。这样做很容易伤害他人的自尊，影响谈判对手的心情。因此，真正的幽默高手善于赞美对手，或是采用自嘲的方式调侃自己，制造轻松搞笑的氛围。

朱氏箴言

如果你总是一副严肃的面孔，以极其认真的态度上来就言归正传，没有一点活泼的气氛，那么谈判就会死气沉沉、闷不可言，总给人一种压抑的感觉，从而造成暂停、僵局的次数增多。所以你应该主动去营造良好的谈判气氛，诙谐幽默地去接触对方，拉近彼此之间的距离，为谈判打下良好的基础。

简洁陈述主题，了解彼此的态度和立场

在谈判的开局阶段，双方通常会针对谈判主题各自陈述己方的观点以及建设性的想法。这样做的目的是让双方把本次谈判涉及的内容全部体现出来，同时让双方了解彼此所持的态度和立场，然后再在此基础上，就一些分歧发表各自的意见和建议，以求最终成功合作，取得双赢的局面。

情 景 再 现

山东朱氏置业有限公司看中了 A 公司正准备出售的一个地块，这个地块极具升值潜力。A 公司急于获得现金，以便将经营范围扩展至外围。为了讨论土地转让的相关问题，双方挑选了一批身经百战的精兵强将，展开谈判。

谈判开始后，由山东朱氏置业有限公司的代表首先陈述，他说："我们公司的经营状况非常稳定，效益也一直很好，这次我们计划开发一个楼盘。今天来与贵方洽谈的目的就是想本着平等协商的态度，达成双赢的合作。正所谓时间就是金钱，我们希望能

以最快的速度就这个问题达成协议，就此不妨谈谈你们的想法。"

"能和贵公司有合作的机会，我们感到十分荣幸。我们双方在之前虽然没有打过交道，可是我们对你们的情况还是有所了解。你们在我市的不少地段开发了许多楼盘，我们公司有很多员工也是你们的客户，这可能就是我们的缘分吧。我们现在确实有意出售这块地，可是说心里话，我们并不急于脱手，因为除了你们公司外，还有另外几家公司也对我们的这块地相当感兴趣，他们也正在与我们积极接洽。当然，假如你们给出的条件合理，我方愿意优先与你们合作。"

谈判之道

在谈判开局的陈述环节，双方都开门见山地表明了对此次谈判的态度、立场和想法。房地产公司先是简洁明了地展现了自己的实力，表达了想要达成合作的决心。而 A 公司也表现出了对谈判的诚意和合作的意向，可是也特别提出"不急于脱手"，目的是向对方施加压力，观察对方的反应。

开场陈述的形式通常分为两种：一种是提出书面方案，发表意见，另一种则是双方口头进行陈述。我们可根据具体的谈判环境，决定采用哪种陈述方式。

只要不是大型的商业谈判，双方开场往往采取口头陈述的方式，它的好处是更加灵活。谈判者可以根据开场时对方所表达出来的立场、诚意和谈判中出现的具体情况，灵活地调整自己的观点，从而能够更好地应对谈判局面。还可以适当打打感情牌，根据谈话的内容，调整语气和声调等，从而有效地影响对方，使对方不好意思提出异议。

不过，口头陈述也有缺点。比如，在口头陈述时容易跑题，或者在面对复杂的问题时容易发生表达不清的问题，从而造成误解；如果不能有效地控制个人情绪，还可能会出现一时冲动，甚至导致谈判陷入僵局。所以，为了避免口头陈述给谈判带来不良的影响，在开场陈述时应尽量使用以下几种语言。

1. 缓冲语言

在谈判的开局阶段，为了营造出一种和谐的谈判氛围，我们在陈述观点的时候应该多使用缓冲语言，避免使用对立语言。例如，如果你不同意对方陈述的观点，你可以这样说："你的观点固然有一定道理，可是我有一些不同的看法，不知道对不对……"这样说既没有直接否认对方的看法，又以一种商量的口气委婉地表达了自己的观点。对方也就不会对你产生反感，更愿意心平气和地坐下来跟你讨论问题。

2. 解围语言

有的时候，谈判可能一开始就充满了剑拔弩张的紧张气氛，在这种形势下，陈述观点的时候就要尽可能地使用解围语言。例如，"我们今天能够在这里坐在一起，我觉得是一种缘分。我觉得大家应该抱着互信的态度，争取达成合作!""我想这样做，对双方都是不利的!"这样说既可以将我方的态度表达出来，又指出了当前的危险处境，可以让气氛缓和下来。

3. 弹性语言

所谓弹性语言，是指根据谈判对手的不同，灵活地选择相应的语言风格来陈述观点。假如对方谈吐优雅、彬彬有礼，我们也应该尽可能地文雅一点；而如果对方的语言朴实无华、直来直去，我们也应该尽可能地坦诚、直白。这样不但可以快速而有效地缩短谈判双方之间的距离，同时也有助于推进谈判的进展。

4. 肯定语言

对方在陈述观点的时候，如果说了一些愚蠢的话，我方最好不要直接指出来。比较聪明的做法是，尽量看到对方正确的地方，并且诚恳地指出对方的不足。因为我们很难指望一个受到指责的人同意你的观点，除非你对他表示了肯定。

朱氏箴言

开场陈述的内容应该主要包括我方希望通过洽谈获取怎样的利益，达成什么目标，准备采取哪种方式为双方利益做出贡献，以及今后双方合作中可能出现的问题和困难等；我方认为本次谈判应当涉及的主要问题，以及针对这些问题我方有什么观点、建议和解决方案等；当对方陈述或提出某项建议时，我方应就此做出相应的表态和陈述。

用对了开局的策略，才能奠定谈判的胜局

在谈判的过程中，针对不同类型的谈判对手，我们也应该采取不同的开局策略。假如谈判对手态度和善、诚意十足，我们也应该表现出足够的诚意；假如谈判对手一上来就咄咄逼人，想给我们一个下马威，企图在气势上压倒我们，我们也应该不卑不亢、绝不示弱。

情景再现

上海对外联合投资股份有限公司总裁包季鸣，为争取俄罗斯圣彼得堡市巨大的"波罗的海明珠"项目与圣彼得堡市市长玛特维延科女士进行了成功的谈判。

2005 年 7 月 15 日，第一次见圣彼得堡市市长玛特维延科女士，包季鸣就引用了普希金题为《10 月 19 日》的诗。伟大的诗人普希金是俄罗斯人民心中的偶像，俄罗斯人对普希金的诗是耳熟能详的。普希金原来读书的地方叫"皇村"，怀念故乡的普希金写了题为《10 月 19 日》的诗，表达自己对故乡的无比热爱。无巧不成书的是，"波罗的海明珠"则位于红村，两地仅是一字之差。

在与圣彼得堡市市长玛特维延科女士寒暄之时，包季鸣说，

我把普希金的诗改一个字，将其中的"皇村"改为"红村"，并马上背给了女市长听："不管幸福向何处指引，也不顾命运将我抛向何方，其他一切都是异乡，我的母国只有红村。"女市长一下子激动起来，立即表示："我的手机24小时为你们开着。"

下面的谈判不用赘述，上海对外联合投资股份有限公司顺利地拿下了"波罗的海明珠"项目。

谈 判 之 道

谈判的开局策略应该是怎样的呢？要回答这个问题，我们首先必须了解对方的相关信息，摸清对手的谈判筹码，搞清楚在谈判中双方的大致位置，才可能据此制订不同的开局策略。

第1步　综合分析双方的谈判筹码

如果你即将和某公司展开谈判，应该先从外围下手，摸清对方公司的底细，包括但不限于公司的规模、实力、发展状况、当前业绩、产品需求以及同行竞争者等。如果对方公司实力雄厚，发展的势头迅猛，当前的业绩突出，产品的需求量够大，同时还拥有多家合作商，而你只是潜在合作商之一，达成本次合作的愿望十分强烈，那么，你在谈判中就处于相对劣势的位置了。

不过，这也要依据你所在的公司实力而定。如果你所在的公司也具备不俗的实力，发展的势头也不错，产品质量过硬，供不应求，拥有多家稳定的合作商等，那么在谈判中你也就拥有比较多的筹码，不会陷入被动的局面。反之，如果对方的实力强，而己方的实力弱，为了解决公司发展的燃眉之急，你急需与对方达成合作，那么在谈判中你就处于不利的地位。

第2步　根据双方的筹码制订开局策略

根据双方谈判筹码的不同，有四种开局的策略。

（1）双方实力相当时，采用协商式开局

当双方的实力相当时，彼此都有意向达成合作，那么在谈判中，双方通常会以协商的姿态开局。比如先用一些礼节性的话进行寒暄，相互做自我介绍，然后对方可能会说："对于这次合作，我方满怀诚意和美好的期待，希望双方本着友好合作的原则开始这次谈判……"在对方的这种姿态下，我们在陈述时应该使用协商、肯定的语言，使对方对己方产生好感，让对方产生一种"双方对谈判的理解高度一致"的感觉，这样有助于双方在友好而愉快的气氛中展开对话。

（2）敌强我弱时，采用慎重式开局

如果对手的实力强劲，而我方的实力相对偏弱，或者我方达成合作的愿望更加强烈时，通常适合采用慎重式的开局策略。所谓慎重式开局，指的是使用严谨、凝重的语言进行陈述，充分表现出对谈判的高度重视，以及己方鲜明的合作态度。这样做的目的在于引起对手的重视，促使对手也能够认真对待此次谈判。

慎重式开局同样也适用于双方曾经有过商务往来，但却有过不愉快经历的情况。在这种情况下，我方要通过严谨、慎重的态度，引起对方对这次合作的重视。例如我们可以这样说，"对于我们之前业务合作中的不当之处，我们深表遗憾，希望能够通过此次的合作改变这种状况，共同迈向新的发展阶段"。在表达出这种态度之后，我们还不必急于拉近和对方的关系，可以先使用一些礼貌性的提问来观察一下对方的态度和想法。

（3）对手咄咄逼人时，采取进攻式开局

所谓进攻式开局，是指将我方强硬的姿态通过语言或行为表达出来，以此赢得谈判对手的重视和尊重，从而制造心理优势，使谈判得以顺利进行的开局策略。这种开局策略只能在特殊的情况下使用，例如，对手在刚开场的时候就表现得居高临下，对我们缺乏应有的尊重，试图以气势压过我方。如果我们任凭这种情况持续下去，无疑对我方是极为不利的。所以，我们要主动采取以攻代守的开局策略，将这种不利局面化解掉，捍卫我方的尊严和正当权益，使双方站在一个平等的位置上开始谈判。

（4）我强敌弱时，采取坦诚式开局

所谓坦诚式开局，是指一开局就开诚布公，向谈判对手清楚地表达此次的谈判意愿，以最快速度将谈判局面打开。这种开局方式适用于有长期合作关系的对手，双方以前有合作的经历，而且关系不错，相互比较了解。在这种友好的关系基础上，双方完全没有必要兜圈子，不如坦诚相对，愉快地交流。

这种开局的策略适用于我方较强而对手较弱的时候。我方在尊重对手、重视合作的基础上，采取坦诚式开局，可以有效地缓和谈判场上的紧张气氛，消除对方拘谨的心理，促使双方能够彻底敞开心扉，推进谈判的进程。另外，在我方实力不如对方的时候，也可以采用坦诚式开局，这样可以坦率地说明我方当前存在的弱点，让对方理智地考虑谈判目标。这种坦诚有助于向对方展示我方的自信，以及实事求是的品格，能够让我们坦然面对对手的压力。相较于"打肿脸充胖子"，故意唱高调来掩饰自己的弱点，这种做法无疑显得更加有诚意，也更容易打动谈判对手。

朱氏箴言

在谈判的开场，如果对手咄咄逼人，我们却一味地示弱，只会助长对方的嚣张气焰，他们在后面的谈判中将会更加轻视我们。而一旦对手不把我们放在眼里，就会开出一些苛刻的条件，还会无视我们的讨价还价。这样一来，我们就会在谈判中处于非常被动的地位。因此，谈判开局的策略至关重要，只有用对了开局的策略，才能奠定谈判的胜局。

体现自己的专业性，更容易取得谈判的胜利

专业性是影响力的关键因素之一。在谈判的过程中，如果我们能体现出自己的专业性，给人一种权威感，就会较容易打动对方，从而取得谈判的胜利。

情景再现

举世闻名的航海家麦哲伦因为得到了西班牙国王的大力支持，才完成了环球航行的壮举，从而证明了地球是圆的，改变了一直以来天圆地方的观念。那么，麦哲伦是怎样说服国王支持并赞助自己的航海事业的呢？原来，麦哲伦请了著名地理学家路易·帕雷伊洛和自己一起去劝说国王。

当时，受哥伦布航海成功的影响，很多骗子都打着航海的旗号，来骗取皇室的信任，从而骗取金钱，因此国王对所谓的航海家都持怀疑态度。但和麦哲伦同行的帕雷伊洛久负盛名，是人们公认的地理学界的权威，国王不但尊重他，而且非常信任他。

帕雷伊洛给国王历数了麦哲伦环球航海的必要性与各种好处，让国王心悦诚服地支持麦哲伦的航海计划。正是因为相信权威的地理学家，国王才相信了麦哲伦；正是因为权威的作用，才促成了这一举世瞩目的成就。事实上，在麦哲伦的环球航行结束之后，人们发现帕雷伊洛对世界地理的某些认识是不全面的甚至是错误的。不过，这一切都无关紧要，国王正是因为权威效应——认为专家的观点不会错——才阴差阳错地成就了麦哲伦环球航行的伟大壮举。

谈判之道

我们仔细研究一下这个案例就会发现，国王是受到了权威效应的影响。所谓权威效应，又称为权威暗示效应，它指的是一个人如果拥有较高的地位，有威信、受人尊敬，那么别人就更容易重视他所说的话，也更愿意相信他是正确的。

在谈判进行中，倘若我们能够利用人们这种普遍存在的权威效应心理，在适当的时候表现出自己的专业性，就可以轻松说服谈判对手，促成合作顺利进行。

1. 用专业知识作为谈判依据

谈判，说白了就是当事双方为了各自的交易条件而进行洽谈、商讨的过程。在这个过程中，语言和文字的作用不可或缺，我们需要通过一定的逻辑性表述来给对方摆事实，讲道理，说明情况，协商异议，化解分歧，最终达到说服对方的目的。所以，在谈判的过程中必然需要专业化的知识。

英国的著名哲学家培根说过："知识就是力量。"只要我们拥有较强的产品专业知识、产品制造知识和成本分析知识等，那么我们在谈判中就可以很轻易地影响对手、说服对手。

2. 表现出职业化的谈判礼仪

在谈判过程中，我们除了说出来的话要体现出专业性之外，行为举止也应该充分展现出一个职业谈判者该有的风度。这种专业性体现在你的微笑和握手礼仪中，微笑的时候要露出八颗牙齿，握手的时候要充满热情。专业性还体现在你的穿着打扮上，要穿得像个专家，看上去像是一个有影响力的人物。在正式的谈判场合，要穿正装和皮鞋，打领带，仪容仪表要保持整洁。此外，专业性还体现在做事有规矩，办事讲原则上，例如，谈判议程要合理，合同文书的格式要规范，等等。

3. 出示相关机构的权威证书

在谈判中，如果涉及产品的介绍，可以向对方出示相关机构的质量鉴定证书，也可以出示专业人士、社会名流对产品的好评，或者是一些权威媒体对产品的正面报道。这些都可以把产品的影响力充分体现出来，从而为谈判的胜利争取有利的条件。

朱氏箴言

之所以会存在权威效应，首先是因为人们普遍认为权威人物才代表着正确，听权威人士的话绝对不会错，从而获得一种安全感。其次是一种渴望赞许的心理在起作用，即人们总是下意识地认为只要和权威人士保持一致，按照权威人士的要求去做事的话，就会得到各方面的赞许。

第三章　唇枪舌剑攻守兼备，
牢牢控制谈判主动权

有人说谈判场就是战场，谈判的过程就是双方唇枪舌剑交锋的过程。双方各自陈述自己的观点，并不断地倾听对方谈话，从而达成满足双方的共同协议。只要在谈判中掌握谈判技巧，就能在谈判的过程中占据主动，从而获得满意的效果。

理顺思路，"PREP"让你说话更加有条理

在工作、生活中我们可能会遇到很多挑战。比如，你是一款游戏的开发员，现在你想要和别人谈判，以出售游戏使用权。你该怎么说呢？再比如，你是否遇到过不小心被叫上台，却回答不出问题的尴尬时刻呢？

情景再现

很多年以前的一个晚上，我去参加一个朋友的婚礼。当晚，主持人宣布抽奖的奖品是一台 iPad 的时候，全场的来宾都兴奋了。新郎新娘大手笔，我们参加婚礼的老同事和老朋友刚好一桌，其中一位男同事特别幸运，居然抽中了。他开心地走上舞台，主持人把 iPad 拿了出来："这位来宾，恭喜你获得了今天的大奖！在拿这个大奖以前，你有什么话要对新郎新娘说吗？"主持人把话筒塞到了他的手里。这位老同事是个技术宅男，平时很少说话。今天突然来到了一个巨大的舞台上，低下头，台下掌声雷动，抬起头，台上灯光闪烁，他感到一阵眩晕，一句话也说不出来。主持人很尴尬，推了推他："说两句祝福不就好了吗，很简单，快说两句啊。"

他低着头，深吸了一口气，终于开口了，他说："嗯，其实一

开始，我并不知道他们俩会最后走到一起……既然他们已经结婚了，那我还是祝愿他们俩幸福吧！"所有的来宾都惊讶地抬起头来，难道这背后还有什么不可告人的故事吗？主持人尴尬得不知道说啥了："嗯，谢谢你的祝福，拿好你的奖品下去吧，各位来宾，大家吃好，喝好！"

谈判之道

在谈判中，对方不会因为你讲得很有气势就完全信服你，笑到最后的从来都不是唠唠叨叨、虚张声势的人，而是那些说话循循善诱、条理清晰、丝丝入扣的人。这是因为，说话时的有条不紊，来源于思路的清晰、明确和心理上的自信、从容，这可以给人稳重可靠的感觉。当你能言善辩地对客户侃侃而谈，他未必会动心，甚至可能觉得疑惑、戒备。但当你慢条斯理、条理清楚地陈述和演示商品的性能时，他们反而会对你报以信任。

在让说话更加有条理、清楚和明确方面，"PREP"法是一种行之有效的方法。所谓"PREP"法，就是按照观点（Point）、原因（Reason）、例证（Example）、观点（Point）的模式进行发言。具体而言，就是首先表明自己的观点，其次说明提出这个观点的原因，再次是通过具体的事例对该观点进行验证，然后强调观点，最后陈述自己的目的。

再回到开头我们提出的问题，要让对方心甘情愿地购买你开发的游戏，你需要告诉别人购买这款游戏的重要性：

观点——这款游戏的投入使用能够将运营商的收益提高10%。

原因——原因有三个……正是出于这几点，很多年轻人会选择这种放松、方便、不需要太多投入的小游戏来消磨等车、休息等闲散时间。

例证——以可容纳100人的网吧为例……

再次明确观点——这充分说明，这款游戏投入运营后，将收益提高10%是不成问题的。

重申目的——我们接下来要做到的就是在合作中实现共赢。

这种发言方法有理有据、通俗易懂，而且逻辑清晰，听众能够很快抓住你发言的重点，并且由于理由和例证的充分，听众很容易赞同你的观点。这要比长篇大论却不着边际的发言更让人印象深刻。

要用好这种方法，有经验的谈判者会做好以下几点。

1. 发言前要理顺思路

想得清楚，才能说得清楚。发言前，有经验的谈判者一定会对自己要表达的东西进行系统、详细的梳理，将要表达的内容整合成为一个系统。

（1）明确议题。这是谈判中发言的一个最重要的内容，只有知道这一点，才能够清晰明确地陈述自己的观点。

（2）目标。有经验的谈判者会在进行发言之前，先想清楚在这次发言中自己要达到的目标是什么，以及在这场谈判中自己需要达到什么样的目标。这样他们就会很清楚自己想要的是什么结果，从而顺利执行自己的计划。

（3）步骤。他们会清楚地知道自己要表达什么，怎样表达，要达到什么样的目标，明白为了实现这个目标第一步要做什么，第二步做什么。所以，他们在发言的时候，就会充满逻辑感，观点明确，论证得头头是道，让人信服。

（4）重视总结。有经验的谈判者在发言的时候会非常重视发言最后的总结。因为总结不仅仅表明发言告一段落，也可以再次强调自己的观点，既能让人们加深印象，也能够让发言听上去更有条理。

2. 发言时要有重点地表达

发言时，我们不能将掌握的所有材料都抛出来，因为有些材料可能与谈判无关。为了使发言更有吸引力，我们需要对之进行筛选和归类、总结，找到最有说服力的材料，然后围绕着议题去组织语言，做到有重点地表达。

朱氏箴言

发言时要尽量使用短句子，避免使用长句。同时，除非对方是专业人士，否则要尽力避免使用专业性较强、晦涩的用词。应力图使自己的语言简洁易懂，以减轻对方的心理负担。

大胆讨价还价，别轻易接受对方的首次报价

在谈判中，谈判者双方的需求和利益以价值为最终表现形式，

以价格为直接体现方式。可以说，多数情况下，谈判双方利益上的得失最终都能够通过价格得到体现。

　　一般而言，人们的第一次开价往往与心理价位、最终成交价都有很大的偏差，其目的不过是试探对方的价格底线，这样在后续的谈判中才有回旋的余地。如果对方首次开价，己方就马上答应，双方都会觉得自己亏了，就连开价者自己多数情况下也不会天真地期待对方马上接受这个条件。也正因为如此，有经验的谈判者绝不轻易接受对方的首次报价。

情景再现

　　客户老张在一家房地产公司担任总经理。有一天，一位杂志社的广告推销员来到老张的办公室，向他推销他们杂志的广告空间。老张非常熟悉那家杂志社，也知道这种广告宣传是比较有益的，所以他决定在这家杂志上刊登广告。

　　老张问推销员："我看过你们的杂志，广告还挺多的。如果我在上面刊登广告，你的报价是多少呢？"

　　推销员说："价钱非常合理，只需要1万元。"

　　其实老张也觉得这个报价是非常合理的，可是他还是砍价了："由于我们公司现在的状况不太理想，我只能出8000元。"

　　推销员并没有拒绝，一口答应了。

　　这时老张又有些犹豫了，他想道："这么爽快，看来我开的价还有往下压的空间。"

于是老张开始运用"更高权威法"，他告诉销售员："这样吧，这种事情我不能一个人做主，必须先征求一下管理委员会的意见。我今天晚上召开一个会议，把事情告诉他们，然后再给你最后答复。"

几天以后，老张给那位推销员打电话，告诉他："这件事情确实让我太尴尬了，本来我以为完全可以让管理委员会接受 8000 元的价格，可他们一致表示反对。最近的支出预算很少，很多事情都不好办。他们给了一个新的报价，只能 5000 元。"

电话那边沉默了好长一段时间，然后传来一个声音："可以，就这么定了吧。"

就在那一瞬间，老张突然有一种被骗的感觉。他想，这个销售员的底线到底是多少呢？虽然已经把价格从 1 万元谈到了 5000 元，可老张仍然相信自己完全可以把价格压得更低。

谈判之道

案例中的销售员竟然随意答应客户的第一次还价，这让客户有种"还可以得寸进尺"的感觉，导致客户延缓了这次交易，找借口再次把价格压低。虽然客户占到了很大的便宜，但他始终觉得自己被骗了，觉得价格还可以更低。而销售员在交易中不敢还价，结果却没有得到任何好处。

在谈判中，常常有人担心客户跑掉而失掉交易机会，所以就轻易地接受了客户的开价或还价，这样是非常危险的。有经验的谈判者不会接受客户第一次开价或还价，如果客户第一次开价或还价你就接受了，客户就会多想，是不是产品有什么质量问题要急于出售？价格是否可以再次压低？如果让客户产生这种想法，那么在谈判中就会处于被动地位。

1. 弄清楚对方的权限

如果对方摆出一副一口价的架势，郑重其事地告诉有经验的谈判者，"这已经是成本价了，不能再降了！"有经验的谈判者会想方设法弄清楚面前的对手到底有没有权限与己方讨价还价。如果对方有权限，他会与对方周旋到底，尽可能争取最优惠的价格；如果对方没有权限，他会要求与有权限的人进行协商。

2. 判断对方的目的

如果对方一开始就将谈判条件、价格、方案等一并摊在谈判桌上，有经验的谈判者会仔细研究全部细节，透过其价格方案弄清楚对方的真实意图，判断对方的目的，以及己方可以争取到什么样的补偿条件，才能使双方都受益。

3. 独立分析定价，找到突破口

必要的时候，有经验的谈判者甚至会把商品的价格问题与服务问题等从整个交易方案中分离开来，将其当成一个独立的议题，探讨定价的标准、竞争对手同时期的定价等，尽可能避开对方的影响，独立地去了解各种定价的依据，然后充分发挥能动精神，从对方定价方案的薄弱环节入手，找到突破口，运用高超的讨价还价技巧，从精神上动摇其对原有报价的坚持。

4. 表示惊讶

不管对方开出什么样的价格，你的第一反应都可以是惊讶。比如，对方向你推荐一款家装板材，价格是 320 元一米。如果你对他的开价表现得心平气和，他就可能告诉你，安装费用 100 元一米，如果你还是无动于衷，他可能会说运费 70 元。但实际上，一开始的 320 元很可能就是包括安装费用和运费的。反之，如果你一开始就表现出非常惊讶的样子说："什么？我在另一家看的才 180 元一米。"他就会控制自己的提价幅度。所以，在谈判中，即使对方的首次开价完全在你的意料之中，你也可以做出一副吃惊的样子，迫使其重新审视自己的条件是否合理。

朱 氏 箴 言

在与人谈判时，有经验的谈判者可以在对方第一次开价时，利用图表法，从商品的质量、时限、售后服务等方面，对同时期、同地区的同类产品在其他交易中的报价进行一一对比，找出对方报价的漏洞，然后以此为依据开出合理的价格。

与其打断对方的话，不如低头梳理一下思路

有些谈判者在谈判过程中过于相信自己，总是会带着既定的判断和见解进行谈判，听到和自己不同的观点就没有耐心听下去，

不等对方说完就急着打断对方，对对方的方案指手画脚、锱铢必较。他们本意是想占据谈判的主动权，将形势向着有利于己方的方向扭转，但结果可能适得其反，影响对方的情绪，破坏谈判的良好氛围，甚至会使谈判走向破裂。

情 景 再 现

刘晶晶在镇上盖起了一栋四层的楼房。一天，刘晶晶正吃饭的时候，来了一位专门安装铝合金门窗的女推销员，与刘晶晶一见面就递了张名片。刘晶晶虽然见过镇上的这家店铺，却没有业务往来。

与刘晶晶见面后，女推销员便开始推销店铺的产品。听完介绍，刘晶晶说："虽然我们以前不认识，但通过我们刚才的一席话，我感觉你们店铺的专业技术员对铝合金门窗安装的经验很丰富，我也相信你们能做得很好。不过在你来前，我们厂里一名下岗钳工已经向我提起过这事，门窗安装之类的事让他来做。他下岗了，急着养家糊口……"

刘晶晶的话还没说完，女推销员便插话道："你是说那个张强吧？他最近是给几家安装了门窗，但他那'小米加步枪'式的做法怎么能与我们店铺比呢？我们家店铺有先进的设备。"

听女推销员这么一说，刘晶晶改变了主意，便接着说："不错，他是手工作业，没有你们那么先进的设备。但他现在已下岗在家，资金不够丰厚，只能这样慢慢积攒。出于同事之间的交情，我也不能不给他做！"

结果女推销员只得快快不乐地离开了。之后，刘晶晶对朋友们说："这个女孩长得挺甜美的，却这么不礼貌。没听明白我的意思，就把我的话给打断了。我宁愿找别人，也不让她家店铺来安装。"

谈判之道

在这个案例中，女推销员之所以被对方嫌恶，就是因为打断对方。事实上，没有人喜欢自己说话时随意被打断，那只会让他们恼羞成怒。不仅如此，随意打断对方的发言也会给说话者造成困扰，因为很多时候对方发言中的重要信息往往是短促而分散的，甚至不容易被察觉。如果不能很好地倾听对方的发言，武断地认为自己已经知道了对方要说的，就很容易漏掉一些能够影响谈判结果的信息，盲目地下结论，乃至最后损人不利己。有经验的谈判者会避免这种负面的做法，从以下几方面进行有效倾听。

1. 尊重对方

有经验的谈判者会将尊重别人、认真听别人说话当成最基本的礼貌。他们会认真地听对方的每一句话，随时捕捉对方话中的关键点，并及时做记录和分析。即使对方的话跑题万里、模糊不清，实在没有必要听下去，而必须要打断对方时，他们也会先提醒自己"多给别人一些表达的机会，才能说服对方"。然后等对方说完主体部分，再暗示对方："现在，我可以说了吗？"

2. 向对方表明自己在听

有经验的谈判者会随时对对方的发言表现出巨大的兴趣，察言观色，及时判断对方的情绪和真实意图，用自己的行动向对方表明自己在认真听他说话，并不时地用"嗯""哦"或适当的提问来回应对方。

3. 控制情绪，抓住细节

有经验的谈判者会审慎地对待谈判中的每一个环节和细节，不放过任何一种可能性，不先入为主，不急于下结论，不信口开河，不道听途说。他们可以控制自己的情绪，理智地审视对手在发言时传达出的每一条信息，并慎重地对待自己说出的每一句话。

朱氏箴言

对方发言时，如果感觉自己的情绪无法控制，与其脱口打断对方，以致惹怒对方，不如低头看一下自己所做的笔记，仔细梳理一下待会儿要怎样反驳对方，才能使其改变心意。

从小利益开始，逐渐让对方答应己方所想

生活中的很多时候，"得寸进尺"都是带有些许贬义的词语，似乎总是与贪得无厌、索求无度相联系。实际上，如果能够在谈判时很好地利用"得寸进尺"的策略，不但能够顺利得到他人的帮助，甚至还能让你一步一步地得到最大的满足。这是因为人们从心理上来说，都是能够接受小小的付出，而排斥一下子付出太多。以"得寸进尺"的方式逐步提出要求，恰恰满足了被求助者的这种心态，让被求助者更加容易满足求助者提出的小要求，再渐渐满足求助者提出的大要求。

情 景 再 现

作为一名新入职的推销员，杨辉每次去拜访客户时，都会被毫不留情地拒绝。这使他在三个月的试用期即将结束时，工作上依然没有任何起色。那天下午，杨辉知道如果自己的推销工作依然毫无起色，就会被公司辞退，不由得心情沉重。他像往常一样来到一家位于写字楼里的公司，在把随身带着的彩色打印机展示给负责人看之前，他因为心情沮丧，因而向负责人讨要了一杯水喝。看着杨辉精疲力竭的样子，负责人同情地说："唉，你们也不容易，拎着这么重的打印机挨家挨户地跑，也很累。"

喝完水之后，杨辉再次像往常一样开始向负责人推销，出乎他的预料，负责人非但没有拒绝，还听得很认真。直到听完杨辉耐心的讲述，负责人才说："正好我们公司的彩色打印机也的确有些年头了，色彩不够艳丽。不过这个月已经月末了，支出紧张，等到月初的时候你直接给我送一台新的打印机，如何？"杨辉做梦也没有想到自己的请求居然就这样得到了对方的应允。他非常兴奋，对着负责人千恩万谢，说："这样吧，我先把这台样机留给你们试用，等到月初再给你们送一台新机子来，这样也不耽误你们使用了。"看到杨辉想得如此细致周到，以至于后来负责人居然成了他的老主顾，只要是杨辉有的办公用品，他都会选择从杨辉处订购。

谈 判 之 道

在这个事例中，杨辉也许不知道自己为何能够突然取得成功，但其实是有原因的。以前，杨辉每次到达推销的公司，就会直截了当地拿出打印机，准备展示给客户看。但是如果客户恰巧没有时间，或者不耐烦，又暂时没有强烈的购买需求，因而马上就会严词拒绝杨辉，根本不给杨辉任何机会。这次则不同，杨辉先是张口向客户讨要了一杯水喝，正是这杯水打开了客户的心扉。要知道，谁会拒绝给人一杯水的请求呢？但是一旦接受了这个请求，也就意味着你与这个求助者有了一定的交情，等到杨辉开始正式推销和介绍打印机的情况时，客户自然也就不好意思再声色俱厉地拒绝。这是第一步，杨辉为自己争取到了一个展示的机会，也使得客户能够耐心地听他介绍。其实很多需求都不是很强烈，就像打印机，如果不是很新，使用起来一定没有新款方便，因而即使没坏的情况下，打印机也是可换可不换的。所以，杨辉耐心的介绍激起了对方的购买欲，从而促使交易最终达成。

这种策略尤其适用于比较重要的谈判。有经验的谈判者会审视当前条件，牢牢把握自己的核心利益以及可以争取的更多的利益，然后从不那么引人注意的小利益开始，一步步让对方答应己方心中所想而对方最初认为有些为难的要求。

1. 先提小要求

"得寸进尺效应"的关键就是注意提问的顺序，尽可能先提小要求，再提大要求。这是因为，答应较小的要求只需要付出较小的代价，人们自然很容易接受。当接受了一系列较小的要求之后，面对较大的要求，人们就会因为之前已经做出了一系列让步而更容易接受，不会过于斤斤计较。

2. 将核心利益分解

即便有了之前一系列小要求的铺垫，如果谈判者在最后阶段将核心利益的诉求一股脑儿地抛出来，也很可能招致对方的警惕意识。所以，对那些较有难度的核心利益诉求，谈判者可以将之分解开来，分成几个较容易操作的部分，打破对方的心防。

3. 适可而止

需要注意的是，合作是无止境的，为了更长远的利益考虑，任何一次谈判都要留有余地，为双方日后的合作奠定基础。所以，在使用这种策略时一定要适可而止，不要过于贪婪地想要捞尽所有好处，对一些不甚重要的利益，也不妨大方让步，给对方一点小甜头。

朱 氏 箴 言

使用"得寸进尺效应"时要用肯定的语气而不是商量的语气

来说话。如果谈判者的语气中充满了试探、犹豫的意味，对方就有很大可能会断然拒绝其要求，而肯定的语气反而能够让对方做出让步。

保护好自己的底牌，谈判时才能占据主动

谈判中，信息泄露往往会成为一个严重的威胁因素。一个不懂得藏好自己底牌的人，即使起初占有优势，最终也会转为劣势，沦为输家。而一个懂得掩饰自己意图，让别人摸不清底牌的人，在与人博弈时往往占据主导地位。

情 景 再 现

吴昊是海尔集团的一名销售员，平时主要负责销售电脑。已经在这个行业打拼了多年的吴昊也算得上江湖老手了。在几年的销售工作中，形形色色的客户吴昊都见过，有的客户与自己沟通纯粹是为了打探自己的底牌。吴昊闯荡这么多年可谓久经沙场，这种事情他完全可以应对自如。

有一次，吴昊前往一家公司去拜访。他认为这家公司刚刚成立不久，一些办公设备还不是很齐全，去这家公司拜访一定会大有收获的。

见到了这家公司的主管之后，吴昊热情地问候说："李总您

好，近来工作可好？"李总一看是吴昊进来了，便说道："还行，平时就是那些琐事呗。不过前天来了一个销售电脑的，他给出的价格要比你给出的低很多啊！"吴昊已经完全明白眼前这位李总明摆着是要跟自己拉开一场价格战了。

于是，机警的吴昊回答说："实惠当然是好事啊，但一分钱一分货，质量过关才能皆大欢喜啊！我今天过来主要是给您送一份我们的报价表，以及您需要的款式和类型的模板，您可以再考虑一下。"李总回答道："好的，我再仔细看看。"吴昊趁热打铁道："价钱您可以放心，我们绝不会与其他市场价格有过大的区别。你们公司的规模较大，所需要的设备台数也相对比较多，我们肯定会给出一个公道的价格。"李总说："你们的电脑经常死机，毛病还挺多的啊！"吴昊一听李总这么说，显然他是在挑毛病，于是回答说："您选择的这个产品是市场上口碑最好的一款，我们的产品每三个月就要进行一次免费清洗维护，并且半年免费为您保养，您看我们的服务多周到。据我所知，我们所免费提供的这些服务，其他销售商都会按时间收费的。折合下来，这些费用已经远远超过了我们的售价，您觉得哪种形式对于您来说更优惠、更合适呢？"李总继续说："照你这么说，你们的是挺划算，不过咱都老客户了，如果价格再低点儿，我就马上下单。"

吴昊听李总这么说，感觉离成功近了一步，于是亮出了自己的底牌："李总，这个价格的确已经是我们公司最低的了。要不这样，我再免费给您申请一个半年的维修吧！"此时，李总也感觉这些服务比从别家购买划算了很多，而且减少了电脑维修的后顾之忧，便当场签订了合同。

谈 判 之 道

谈判是利益的较量，更是心理素质的较量。谁先亮出自己的底牌，谁就处于被动地位，就会让对手轻易调整预定的谈判策略，使局面更不利于自己。换言之，轻易亮出底牌，就等于失去了主动权，被对方牵着鼻子走。

有经验的谈判者越是在谈判中处于弱势地位，就越是会表现出强势的样子；越是要达到目的，就越是要保护好自己的底牌，不让对手探知自己的底线，不会因为急于求成而把自己的底牌暴露给对方，以免招来对方的得寸进尺。不仅如此，他们还会采取严格严肃的保密政策，尽可能严格筛选谈判人员，建立严格的情报收集、分析和保存制度，杜绝任何形式的泄密。

1. 保持内部沟通顺畅

顺畅的沟通可以使阴谋无处遁形，保证团队内部成员畅通无阻的通信和交流，谈判者就可以随时了解对方的策略，一旦发现异动就可以及时采取相应的措施，将问题消灭在萌芽状态。

2. 保护好核心数据

在谈判的整个过程中，谈判者需要保护好核心数据：对内，以保密的方式保管所有的谈判相关的材料和数据，不可随意放置，让每个人都掌握他负责的那部分的信息，而不必要的人则不会接触到任何核心数据，从而从内部杜绝了泄露信息的可能性；对外，除非是出于谈判战术上的需要，否则尽量少地向对方提供数据，尤其是最终报价，更是要作为最高机密来保护。

3. 防止窃听

在重大项目的谈判上，己方人员内部协商谈判细节的时候，最好尽量避免选择在旅馆或其他公开场所，以避免不必要的信息泄露。

朱氏箴言

谈判者在选择谈判团队成员的时候，应该选择那些性情稳定、言行谨慎、不爱八卦、不爱张扬的人，这样在后期的谈判中能够有效降低泄密的可能性，从而可以最大限度地保障己方的利益不受损。

要想让对方接受，先要让对方说"是"

很多刚入职场的谈判者的最大特点是过于关注自己，将谈判当成表达自己、反驳对方的过程。他们常常只顾自己侃侃而谈，争分夺秒地展示自己的高超口才，却忘了在谈判中客户才是决定谈判成功与否的关键因素，要想让对方接受，就要让对方说"是"。

如果你与他人谈判时得不到对方一个"是"的回应，最好也想方设法不让对方说出"不是"这个词。

情 景 再 现

一位保险员遇到一位客户，那位客户很爽快地答应要购买一种保险。保险员给他一些表格让他填，一开始的很多问题他看了一遍后就很快填好了，但到后面，他的速度越来越慢，最后对很多内容他甚至开始表示拒绝，而这些问题保险员之前已经详细讲过。

保险员意识到，这位客户是产生了疑虑，如果这样下去，这笔生意很可能是要泡汤的。于是问他："您觉得对这些问题拿不定主意吗？"

"是的，当然。"客户回答说。

"您难道不认为，"保险员继续说，"把我们的责任和您的权利明文写下来，是一种很好的方法吗？万一有需要，我们就能够最大限度地保障您的利益，而这也正是我们合作的前提嘛。"

客户又说："是的。"客户态度软化下来，因为他发现，正视、接受那些条款不是为了保险公司，而是为了他自己。于是他改变了态度，很快就填好了表格。

谈 判 之 道

这位保险员在说服对方的时候采用了一种很独特的说法——让对方连续说"是"。这样，对方的思维就会陷入一种肯定的、积极的惯性中，当保险员提起关键问题的时候，对方就会更容易做出"是"的决定。所以，谈判者要做的不是在语言上打败对方，而是要善于迎合对方，诱导对方说"是"——让他们同意你的观点，最终接受你的观点。

1. 告知对方利益点

在整个谈判中，利益是最让人无法割舍的。所以，要让对方乐意接受你的方案或产品，首先你的方案或产品要对他有利，并且要让他明确地认识到这一点。你可以采用各种合适的方式将产品可能带给对方的利益逐条分析，明明白白地介绍给对方。具体程序是先向对方确认他的需求，然后将其所面临的问题着重分析说明，最后以帮助对方的名义进行谈判。

比如，在具体操作时可以这样与对方谈判：

己方："我可不可以这样理解，您现在面临的困境就是无法找到一种有效的管理监督方法，员工们的工作效率受到影响，进而影响到公司的经营？"

对方："是的。"

己方："的确是这样，对于企业来说，效率就是生命。如果工作效率持续下降，企业的利润也会下降，最终威胁到企业的生存。

假如现在有一个方法能够帮助您解决这个问题，将员工的工作效率提升30%，您一定会感兴趣的，是吗？"

需要注意的是，在向对方陈述利益点的时候一定要结合对方的需求进行，告诉对方自己的产品有哪些特点，以及这些特点能怎样满足他。同时，每个产品都可能有多个特点，你不必面面俱到，一方面对方无法吸收，另一方面拖延太长的时间也容易让其产生不耐烦情绪。所以你只需要抓住产品最大的特点——产品可以帮助对方解决什么问题——说清楚即可，不必花费太多时间。

2. 消除对方的顾虑

人们通常会出于某些原因而不愿意接受某样东西，如不相信对方、不相信产品、不知道服务可不可靠等。只要这些问题不解决，他就不会接受你的产品。所以，一旦发现这样的苗头，你就要对其进行确认，弄清楚他顾虑的地方，然后有针对性地进行化解。

朱 氏 箴 言

在与人谈判时，你可以先肯定别人的想法，再适时地提出自己的看法。在适当的时候，用"是的""如果"代替"不"，更能够表达自己的意图，并且可以使谈判进行得更加顺利。

不断提升倾听的本事，推动谈判顺利进行

富兰克林说过："与人交谈取得成功的秘诀，就是多听，永远不要不懂装懂。"因此，谈判人员一定要学会如何听。如果说谈判是一门艺术，那么倾听就是艺术中的艺术。听，不只是指听的动作本身，更重要的是指听的效果，也就是要做到有效倾听。

善听是察言观色的一种有效方式，可以"闻一知十，闻十知百"。如果在倾听中不能把握情感要领，不仅得不到应有的效果，还有可能招人反感。专家研究发现，任何面谈的成功，约有75%依赖倾听能力的发挥，而只有25%是依赖谈话技巧来完成的。

情 景 再 现

史亮是一名汽车销售员，他花了半天工夫才让一位顾客下定决心买车，他所做的一切不过是为了让顾客走进他的办公室签下购车合同。当这位顾客向史亮的办公室走去时，开始向史亮提起他的儿子在首都医科大学学医，并十分自豪地说："我儿子以后肯定是个知名的医生。"

"那太棒了！"史亮说。当他们继续向前走时，史亮向其他销售员看了一眼。史亮把门打开，一边看自己的同事，一边听顾客说话。

"我儿子很牛吧？"顾客继续说，"在他小时候我就觉得他相当聪明。"

"成绩非常不错吧？"史亮问，但仍然望着别人。

"在他们班里成绩最棒。"顾客回答道。

"那他师范毕业后打算做什么？"史亮问道。

"我告诉过你的，他在首都医科大学学医。"

"那太好了。"史亮说。

突然，这位顾客直盯着他，说："我还有事，我该走了！"说完头也不回地走了，把史亮晾在那里。

第二天上午，史亮给这位顾客打电话说："我是史亮，我希望您今天能再来一趟，今天可以提车了。"

"不用了，我已经在别的4S店订好了。"

"是吗？您为什么这么做？"史亮很吃惊。

"是的，我是从另一个4S店会认真听顾客说话的销售员那里买的。"史亮这才意识到自己犯了多么大的错误，但为时已晚。

谈判之道

从这个案例中，我们可以明白认真听别人讲话的重要性。也正因如此，有经验的谈判者会不断地磨炼和提升自己倾听的本事，以便在谈话中听到要点，推动谈判的顺利进行。

1. 引导和鼓励对方开口说话

每个人都是独立的个体，都有自己的想法，都是需要被尊重的，不需要其他人来讲道理。他们喜欢和你互动，而不是像傻瓜一样听着你说，自己却什么话都插不上。如果谈判者只是滔滔不绝地说，却不管对方的心理需求，那么双方心理上的平衡就被打破了，对方无形中产生了对抗情绪。所以，"有说有听有回应"才是真正有效的沟通，它可以为谈判者的工作提供更多成功的机会。在倾听对方的倾诉之前，你必须做好引导和鼓励，引出一个由头，让对方有足够的话说且乐意去说，为接下来的工作做足铺垫。

2. 听时要集中精力，专心倾听

听不仅仅是奉献出一对耳朵。有效的倾听是建立在真诚、专心的基础上的。在对方开始说之前，就要做好一切准备，将身体、心理、态度、情绪、辅助手段都调整到最佳状态，尽量不要在疲惫、心不在焉、别扭的状态下去听。

3. 有效提问

出于种种原因，对方在谈判中总会有不愿意主动透露相关信息的时候，即便己方费尽心机启发诱导，他们也可能用这样或那样的表面理由来应对。这时双方沟通的桥梁就被打断了，沟通也就是无效的。要让对方打开话匣子，开放式提问的作用是其他提问方式远远所不能及的。你可以在对方说完一句话或表述完一个观点以后自然地问："为什么？""您是怎么想的呢？""您觉得怎样处理比较好？"

4. 核实、总结和归纳对方的发言要点

有时候，人们在谈判中的发言并不会按照设计好的脚本去进行，甚至说了一大堆与中心无关的话。如果己方不注意，很可能会发生遗漏或误解，不利于双方的沟通。所以，对方说完后，有经验的谈判者会及时核实对方的意见，对对方的话进行总结、提炼、归纳，用简短的话将对方的意见要点概括出来并反馈给对方。这样既避免了歪曲意思，有利于找到解决问题的最佳办法，也可以向对方传达这样一个信息：我们在认真地听他说。

5. 及时回应

人们在说话的时候也需要得到他人的回应，否则就会觉得索然无味而不再说下去，双方的沟通就会中断。同样，谈判中，谈判人员也要对发言者的发言给予回应，可以采用点头、眼神示意这些常规的沟通方法，或者简单的"嗯""哦""是这样啊""我也这样认为"之类的话。虽然只是简单的回应，却能够给对方以继续说下去的信心和动力。

6. 仔细辨别对方的言外之意

这是倾听的最重要目的之一。谈判中，人们会使用各种方法来展示或掩盖自己的意图，甚至有的时候还会转移话题、故布疑云、隐晦表达。"锣鼓听音，说话听声"，有经验的谈判者会认真分析对方话语中所暗示的用意与观点，以及对方所采取的措施、要达到的目的，并尤其注意对方晦涩、模棱两可的语言，然后认真询问对方，弄清楚其真实意图。

朱 氏 箴 言

一个有经验的谈判者会事先准备一个笔记本，在积极地听对方发言的时候，将对方话中的要点和可疑之处记录下来。这样不但能够保证自己专心地注意对方，也有利于自己采取有针对性的解决办法。

与其费尽口舌，不如适时列举一些数据

"谈判永远是一个有关数字的游戏。"无论谈判人员是多么口若悬河、滔滔不绝，都抵不上几个简单的"数字"。很多时候，谈判者费尽口舌，客户却无动于衷，一两个精确数据反倒能起到事半功倍的作用！用各种数据来量化产品的优势，不仅能让客户更加信赖产品，而且还帮助他们更快地做出决定，这是一名优秀谈判者的必备能力。

情 景 再 现

客户："这个产品的功能基本上符合我的要求，不过我还是有些担心质量。"

销售员："这个您可以放心，我们做过质量检测，我们公司的产品可以连续使用六万个小时而无质量问题。"

客户："哦，是吗？"

销售员："是的，我们的产品共有九道生产工序，每道工序都有专门的检查小组进行质量检验。正是由于质量有保证，我们的产品已经在30多个国家销售了近300万台，还没有发生一起退货事件。"

客户："不过，你们的价格……"

销售员："先生，这款产品才1800元，假设您用10年，一天才花五毛钱，您有什么好担心的呢？"

客户听后，沉思了一会儿便同意了。

谈 判 之 道

销售员之所以能说服这位客户，就是因为他在介绍产品时，结合了大量符合实际利益的数字来加以说明，这让他的话更专业、更具说服力。可见，在谈判过程中，如果谈判人员能适时地列举一些详细、精准、恰当的数字，帮助客户做出最有利的选择，那么客户就会看到谈判人员的专业性和权威性，从而对谈判者产生信任和依赖。

俗话说："事实胜于雄辩。"在介绍己方的情况或者反驳对方的观点时，十句保证、承诺、道理都比不上一串数据和一个事实的作用。在充分的数据和事实面前，对方就不能随意地歪曲情况，而是要在己方限定的范围内进行协商。所以，有经验的谈判者会选择具有说服力的数据和事实来增强自己的权威性，使发言充满可信度，从而顺利化解对方的抵触心理。

之所以会这样，是因为数据、事实是已经经过现实检验的既定结果，是不可改变的。数据能够客观、直观地反映出真实情况，因此在说服方面具有无与伦比的优势。当然，以数据和事实说服对方需要做到以下几点。

1. 目标明确

数据和事实应该是具体的工作目标的执行结果，整个工作的进程都应围绕这个目标进行。这样，拿出的数据和事实才会具有足够的说服力。

2. 数据是即时监管的结果

谈判者拿出来作为支撑谈判观点的数据应该是建立在对工作的即时监管基础上的。数据来源于现实，才能具有足够的说服力。当然，数据的来源多样，可以是市场调查的结果，也可以是同事或者上司切身调查的结果，只要能够有力支撑观点即可。

3. 掌握对方的详细信息

正所谓知己知彼，在把握自己信息的基础上，也要对对方的发展历史、历史成交价格、合作伙伴、竞争者、组织架构、财务状况、盈亏状况、经营状况、生产规模等信息有尽量详尽的了解。

4. 数据要真实可靠

谈判者所给出的数据一定要是真实的，经得起考验和推敲，而不是胡编乱造，以免"搬起石头砸自己的脚"。因为将相关数据和事例抛出来时，对方一定会在最短的时间内去验证。如果验证的结果是虚假的，对方就会对你所说的所有话的真实性产生怀疑，再要和对方达成协议就会变得无比困难。

朱氏箴言

己方所掌握的数据和事实要在对方已经出价且不愿让步的情况下抛出，过早或过晚都不利于己方利益的最大化。

枯燥说理无效时，不妨讲个形象的故事

当谈判陷入僵局，或者采用常规的说服技巧无法取得良好效果的时候，有经验的谈判者就会讲个故事，使谈判氛围变得轻松起来。这是因为，与枯燥地讲道理相比，讲故事的说服方式具有明显的优势。

情景再现

一个猎头想要说服一位高管人员到自己推荐的公司工作。这家公司给出的待遇非常优厚，不足之处是公司正处于产品调整期，还需要一段时间才能够看到发展成果。所以这位高管一直犹豫不决，始终拿不定主意。猎头反复劝说无效，谈判陷入了僵局，对方似乎已经有点不耐烦。猎头轻笑一声，讲起了一个故事："我很理解您的想法，面对未知的事情，有疑虑很正常。我的一位姓林

的朋友也遇到了类似的事情。我们都叫他林哥。林哥上个月终于买了房，可是上周他却愁眉苦脸地跟我说：'去年这个楼盘刚开盘的时候，我觉得价格高，心想等等说不定会降价呢，这会儿买万一亏了怎么办？结果，这才一年时间，房价已经涨了三分之一。早知如此，我想尽办法也要先买了啊。'其实有时候就是这样，机会出现的时候，我们觉得有风险，可等来等去，反倒会错失更多。您说呢？"

高管想了想，又仔细核实了这家公司的经营情况、管理状况等信息，最终决定接受该公司的邀约。

谈判之道

如果采用生硬枯燥的说服方式，可能达不到目的。而这位猎头采取讲故事的方式，看上去离题万里，却已经将要表达的意思清晰地告诉了对方，圆满地说服了对方。这也告诉我们，在与人谈判的过程中，枯燥说理无效时，谈判者可以换一种方式，将深刻的道理蕴藏到形象具体的故事中去，既活跃了气氛，也可以更好地打动对方。

那么，在讲故事时要注意什么问题呢？

1. 讲故事要具体，主题突出

不管讲什么样的故事，都应该注意开门见山，尽快进入场景，主题突出，要素齐全，其目的是将听众的思维限制在一个特定的范围内，而不是让听众自己随意发挥。这是因为，"一千个读者就会有一千个哈姆雷特"，听众随意发挥的后果自然是听众的反应不一致，很可能导致心理互动的失败，讲故事的目的自然也就无从谈起了。

2. 讲真人真事

故事讲得好不好，关键在于是不是具有真实性。而生活中曾经经历过的、发生在身边的或者自己亲身体验过的事情，说起来更容易做到绘声绘色，也更容易抓住人们的注意力，使人信服。

3. 所讲的故事要与当时的情景相得益彰

并不是所有的故事都能拿来作为谈判话术使用。谈判者要多思考、多总结，从工作经历中有意识地选择一些有代表性、有说服力、符合谈判场景的故事，对其加以分析、提炼、概括，用最有说服力的方式讲出来。

4. 别忘了讲道理

讲完故事后不要忘了摆摆道理，诸如："天下没有免费的午餐。""把鸡蛋放在一个篮子里的投资收益最大，但风险也是最大的。""有时候人们不想付出一些小利，结果却失去了更多。""为了家人，不管是投资还是生活，还是有保障的产品更能给人安全感。"这些道理结合故事，会给人以更大的震撼。

5. 向对方展示价值

双方坐在谈判桌旁，谈的就是利益，不管是讲故事还是讲案例，其直接目的都是陈述观点，最终也都是为了实现价值，获得利益。所以，谈判的价值塑造应该贯穿整个过程，谈判者要随时告诉对方："经历过那件事后，他发现只是付出年薪的 5% 不到的钱，却让自己得以度过了那么大的危机，避免了更大的代价，这才觉得投资是很有价值的。"

朱氏箴言

谈判者在讲故事时可以用轻松愉快的语气开头，也可以灵活多样，这样会显得更自然贴切，使听者乐于倾听。

抛出香诱饵，"鱼儿"会寻着味道上钩

一个有经验的谈判者就像一个高明的垂钓者，当常规的说服不能奏效时，他们会用另一种思路，在恰当的时候以恰当的方式抛出诱饵，让"鱼儿"寻着味道不知不觉地一步步前行，直到"咬饵上钩"。

情景再现

史密斯夫妇想要买一辆汽车，可是他们的预算有限。尽管汽车销售员给他们介绍了全部车型，仍然没有满足他们的要求，他们始终觉得这里的汽车价格还是太高了。那位销售人员很是苦恼，因为他既耽误了时间，又没能卖出一辆车。

这时，一位资深的销售人员告诉他："当你觉得难以说服客户的时候，不妨反过来，让他们当主角，帮助他们自己拿主意，当你的观点成为他们的主意的时候，你就成功说服了对方。"

几天之后，有一位顾客想要用他的旧车换一辆新车，销售人员觉得机会来了，于是与这位顾客商定了价钱，然后迅速拨通了史密斯夫妇的电话，并告诉他们，希望他们帮助自己试一下汽车的性能，并估一个价。史密斯夫妇很乐意帮这个忙，他们在试驾后告诉这位销售人员："如果你能以1000美元的价格买下它，你就赚翻了。"

"如果我以这个价格卖掉它，你们是否愿意买呢？"销售人员反问道。

"当然，1000美元真是再合适不过了。"因为是他们自己估的价，所以销售人员很快便拿下了这一单。

谈判之道

有时我们的说服对象很固执，无论你怎么顺着他的话说，他还是坚持自己的观点，甚至有时你还会被他牵着鼻子走，最终被他说服。遇到这种情况怎么办呢？很简单，这时你只需要让对方认为一切都是他自己的想法，让对方说出自己的心声就可以了，显然这个让对方自己说服自己的方法能从根本上解决问题。

没有人喜欢在强迫和威胁下同意别人的观点，但他们愿意接受态度和蔼而又友善的开导。因而，真正的谈判高手从不会想要谈赢对方，他们只会提建议。他们会在尊重对方的前提下进行谈判工作。谈判的最终目的在于成交，谈赢对方不但不等于成交，反而会引起对方的反感。所以，为了使谈判工作顺利地进行，不妨尽量表达自己对其意见的肯定的看法。在适当的情况下，让对方自己决定是否签单，让对方感到有面子，觉得自己才是决策者。这样，谈判就会有如顺水行舟。

一般而言，钓鱼式诱导主要有以下几种方式：

1. 开放式提问

开放式提问即不限定答案、可以由回答者随意给出答案的提问方式。它不仅能够帮助提问者获得信息，还可以刺激思考、为做判断提供参考。例如，"您对我们的产品有什么看法？""您是怎样看待这几年市场状况的呢？""您对这个方案有什么见解？"都属于开放式提问。面对这种问题，回答者一般都乐意给出自己的建议，提问者可以通过对方的答案找出对自己有利的东西。

2. 暗示式提问

在人际交流中，人们很容易使用一些暗示性语言。例如，"你不觉得这样的方案实际上是最合适的方案吗？"作为提问者，你潜意识里会希望得到肯定的回答，于是把这种愿望也带进了问题中，这样，当对方给出肯定的答复时，于你而言是正中下怀。同样，当你希望朋友陪你去逛街，你会说："你这周末有时间吧？要不然我们一起去逛街？"当你希望孩子能够好好吃饭，你会说："你饿了，对吧？那就要好好吃饭。"在销售中，这种暗示形式的提问也被普遍使用。例如，"您觉得下个月房价会涨到什么程度？"就是在暗示房价一定会涨。"您知道我开出的价格是很优惠的，对吗？"其实就是暗示对方自己的价格很优惠。这种提问方式可以有效地把自己的想法和想要的答案以暗示传递给对方，并期望对方按照自己的思路进行配合。

3. 诱导式提问

这是让对方跟着自己思路走的最高境界，主要是按照提问者的逻辑和思路，通过连续的发问，诱导对方做出回答。比如，"我们现在的方案好像不是最好的方案，那解决当前问题的最好方案是什么？判断依据是什么？按照新的方案，都需要哪些措施和投入？核算成本后，其实新方案的成本是远远大于现有方案的，对吗？所以，从现实情况来说，我们现在的方案其实就是最佳方案，不是吗？"在这一连串的提问中，提问者的本意是想诱导对方认同现有的方案是最好的方案。他假装认同对方的看法，引导对方去思考设想中的新方案成本，使对方意识到所谓的最好的方案其实不符合现实，是行不通的，最后成功诱导对方放弃质疑。在使用这种连续提问的方法时一定要注意语气，以免给人一种咄咄逼人之感。

4. 纠正式引导

所谓纠正式引导就是提问方故意设置一些与事实不符、答案符合己方预期的问题，诱导对方忍不住对提问进行纠正，而提问方就可以在这种纠正中得到重要信息，甚至使对方不知不觉间改变想法。比如，"我听说上次那件事……我想事实应该就是这样的，毕竟现在……对吧?"这个提问方式在道听途说的观点后马上跟一句提问，但观点本身与事实不符，让人很容易产生"纠正错误"的欲望。再如，"我就知道您现在并不想改变现状、提高效率、多挣钱。不会有这种可能了。"这种自信满满的断言表面上是对对方的认同，实际上是将对方放在了不利的局面下，对方为了维护自己的形象和专业性自然就会予以纠正。

朱氏箴言

在谈判中，有经验的谈判者在使用纠正式提问时要尽可能用中立的口吻，只说"我听到的部分"和"对方说的部分"的矛盾，不要发表自己对对方的评价，以免引起不必要的对立。

说话三分留，谈判时语言不要太绝对

凡事过犹不及，正所谓"吃饭七分饱，说话三分留"，话说得太满很多时候反而会造成尴尬。要知道，任何事情的发展变化都得有个过程，有些事情还得有一个相当长的演变过程。当事情处于发展变化初期，实质性的问题尚未表露出来时，难以断定其好坏、美丑、利弊、胜负。这时，就需要等待、观察、了解、研究，如果贸然行事，信口开河地去下定论、乱承诺，一旦事与愿违，就很容易让别人抓住话柄，使自己处于不利地位。

情 景 再 现

A公司新开发了一个项目，但该公司无法独自完成这个项目，于是他们需要寻找一个合作伙伴。经过研究，他们锁定了同城的实力相当的B公司。但B公司本身拥有非常成熟的技术、管理和销售渠道，不需要和他们合作也能够牢牢地占据当地一半的市场。为了说服对方，A公司承诺提供所有的资金和货源，负责市场营销策划，而B公司只要提供其中一部分的技术支持即可，完全不需要别的投入，项目收益由双方六四分。B公司仔细分析了这件事，觉得这个项目虽然有风险，但如果只是提供技术支持而不需要其他投入的话，也不失为一个契机。更何况以B公司现有的技术力量，解决该方面的技术问题可以说是轻而易举，于是答应了双方合作。结果让A公司没有想到的是，该项目实施之后不久，公司就因为其他问题资金无法回笼，项目资金出现缺口，最后项目运作不下去了，他们向B公司求助，对方拿出当初的合同放在他们面前，直接拒绝了这个提议。无奈之下，A公司只好暂停项目。

谈 判 之 道

凡事多些考虑，留有余地，总能给自己留条后路。所以有经验的谈判者在阐述自己想法的同时，一定会注意"话不说满"，准确、客观、科学、有保留地组织语言，既达到了沟通的目的，也赢得了对方的信任。

1. 如非必要，避免保证

对于对方的要求，己方在做出回应或者承诺的时候，可以说"我们将会尽最大努力去将该计划付诸实施……""这已经是我们最后的底线，为了表示我们的诚意，我们愿意做出一点让步，但是……"切记一定不要轻易向对方保证："如果按照我们的方案来，我保证你们不会有任何遗憾。"前者可以让对方看到你的诚意，但后者将会给自己留下隐患：对方是不是满意取决于其个人体验，而个人体验则取决于多种因素的影响，保证对方不会有任何遗憾就是置其他因素的影响于不顾，等同于断绝了自己的后路，可谓有害无益。所以在谈判中，如非必要，要力求避免保证。

2. 不要说过于绝对的词语

提要求的时候可以用"必须"这样的词，但给出数据的时候，尤其是在许诺好处的时候，可以用"左右""1%～1.5%的范围"这样有缓和余地的用词，不要用过于明确而具体的数字。如果要强调自己的强大实力或优势，请限制一个范围，如"在本市的……方面，我相信没有比我们做得更好的"。

朱氏箴言

一个有经验的谈判者在开口说话前要静默三秒钟，想想哪些应该说，哪些不应该说，再开口。而且不要在一开始就亮出底牌，将话说得太绝对，应该聪明地一步步增加自己的筹码。

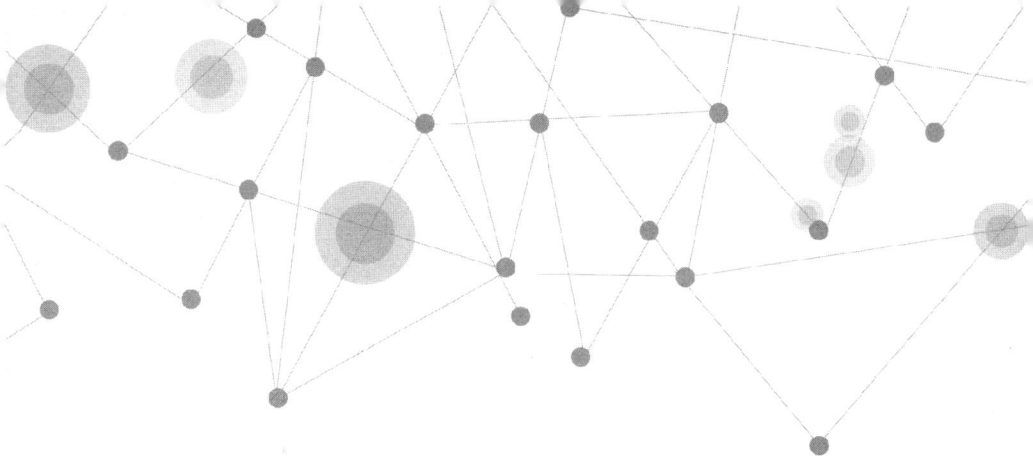

第四章　选择让步式进攻，
有原则地与对手博弈

　　谈判是妥协的艺术，没有让步就没有成功。英国著名外交家萨道义在其著作《外交实践指南》一书中说，谈判"不仅需要运用策略和智慧，还需要有能屈能伸的精神"。因此，适当让步在谈判活动中就成为一项必不可少的手段，它代表着双方的复杂博弈。

隐藏真实目的，通过"纵"让对方放松警惕

"逼则反兵，走则减势。紧随勿迫，累其气力，消其斗志，散而后擒，兵不血刃。"这是《三十六计·攻战计》中说的，意思是如果对敌人逼迫得太紧，他就会奋起反抗，而如果放任他逃走，反而会削弱他的气势。因此，在追击敌人的时候，千万不要追得太紧，慢慢消磨掉敌人的斗志和体力，等到敌人士气涣散的时候，就可以轻松地一举将其击溃。在谈判过程中，这种战术也同样很有用。对于有经验的谈判者而言，就算是很想促成交易，也会巧妙地隐藏起自己的真实目的，做出一副漫不经心的样子，通过"纵"让对方放松警惕，令对方产生达成交易的欲望，从而迫使其做出妥协，最终成为自己的囊中之物。

情 景 再 现

有一位客户想要把一套花园别墅洋房买下来，可是又觉得价格太高。在他看来，遇到一套心仪的房子并不容易，决定尝试着把价格降一点下来。于是他对销售员说道："这套房子我是真的很喜欢，不过我有一位朋友也有一套和你这套同样地段、同样环境的房子要卖，他的价格比你的便宜了几万块钱。我仔细考虑了一下，还是觉得你这个价格有点太高了，我希望可以再给我降五个

点。如果你能再便宜一点，我就立刻把定金付了，否则就只好算了。"

销售员表示无能为力："陈先生，我们的项目价格都是很实在的，明码标价，根本就没有什么水分，何况我刚才已经给您做了最大的让步了，价格实在是没法再低了。"

可是客户仍然不依不饶地坚持道："你就给我再降一些吧，便宜 6000 块钱就好，120 万元整。"

销售员满脸堆笑，继续对客户解释："陈先生，我相信您在买房子的时候肯定会希望买到的是最合适您的房子，也会希望得到一流的服务。我想您肯定不希望房子的质量也打折，是不是?"

客户摇了摇头："可我还是希望这房子的首付能够在我的预算之内，因为假如超出预算，我就买不起了。"

销售员说："陈先生，您也知道，这个付款方式是我们之前一起拿计算器一点点算出来的，把购房的所有费用都算进去了。30% 的首付款也是根据规定来定的，这样以后您还款的压力就会没那么高。您应该不会希望今后还款的负担越来越大吧?"

客户还在坚持："再便宜点吧，要不就算了。"

销售员无奈地回答："您这样做真的让我很为难，我之前已经尽最大的努力去给您争取了，上次我去找经理，他就把我狠狠地训了一通。您知道的，这买房子跟买衣服不一样，根本不可能打那么大的折扣。昨天有位客户在我这里一下子买了三套房子，我到经理那里整整跑了三趟，才勉强给他申请下来 9.3 折。可是您现在买这一套房子，我就已经给了您 9.4 折，这真的已经是能给您的最低折扣了。"

客户说："我也不多要，你就给我 9.3 折。你现在就去找你们经理。"

销售员迟疑了一会儿，说："陈先生，如果这趟我确实帮您争取到了，您会马上下定金吧？如果最后您再像这次一样，那我恐怕就不只是挨骂这么简单了。这样吧，您先在这份合同上面签个字，我马上去找经理申请，如果经理不同意，那么这张合同作废，我也就无能为力了。假如申请下来了，那么这张合同立刻生效，我们就去马上办理后面的手续。您看这样可以吗？"

听到这里，客户才满意地点了点头："好吧！"

谈判之道

在这个案例中，这位购房者多次采用了欲擒故纵的策略。他的真实意图是想要把价格压低，却推说自己的朋友在卖同样的房子，价格却比该房子更低；对看中的房子早已下定决心，却屡次摆出一副满不在乎的姿态。这样的纵"敌"战术给对手传达着一种他并非一定要购买这套房子的信息，以此将销售员要价的气势压制住，确保了自己的利益可以得到最大程度的实现。

在谈判中，如果要使用欲擒故纵的方法，可以从以下几个方面入手。

1. 态度镇定

通常来讲，在谈判中，表现得越迫切的一方，就越容易处于劣势，受到对方的掌控。因此，有经验的谈判者会充分去了解对方，保持从容镇定的态度，不急不躁、不温不火地向对方施加压力。

2. 利用日程安排

如果对手的时间比较紧张，需要在限定的时间里达成交易，否则就要面临一定的损失，这时谈判者就可以利用日程的安排让对方放松警惕。例如，把原本一天就可以完成的谈判任务，分成两天或更多的时间来完成，给对方造成一种你并不急于成交的错觉，你越是放松，他就会越着急。

3. 不要怕撕破脸

如果对方的态度很强硬，谈判者也可以摆出一副不怕撕破脸的姿态，告诉对方你对于结果并不是那么看重。不过，在这样做之前，你要首先确保对方不会轻易放弃，否则就很可能会弄巧成拙，使谈判陷入困境。

4. 诱饵要足够大

欲擒故纵的关键在于过程要曲折，而且诱饵必须足够有吸引力。有经验的谈判者会注意和对方保持一种若即若离的状态，时不时地给对方一种就快要达成交易的感觉，让对方觉得自己可以在这次谈判中得到好处。在对方开始感觉没有希望而即将放弃的时刻，让对方重燃希望，把他拉回到谈判中来。同时他们也会有意地设置一些障碍，不让对方轻易达到目的，而是要对方经过努力争取，在最后一刻才得到让步。这样，对方在面对自己的劳动成果时就会格外珍惜，而不容易产生上当的感觉。

朱 氏 箴 言

　　在和对手讨价还价的时候，谈判者要在适当的时候给出合适的报价，在对方还价时坚定地回绝；在对方即将放弃的时候，给对方一些好处，在较短的时间里逼迫对方做出妥协。

先抬高谈判条件，后面才有余地讨价还价

　　我们平时去商店购物时，可能都有过这样的经验：买方在砍价时经常把价格压得很低，甚至连自己都觉得对方根本不可能接受，最后买方只需要再做出一点点让步，就成交了。在职场中，当员工向上级要求加薪的时候，经常将期望薪水定得比较高，在经过讨价还价后，最终上级会给出一个比员工的要求低，但却高出他的实际预期的薪资。还有顾客买了有问题的商品，可能原本心里只希望商家退换货，可是他却提出要商家全额退款的要求，甚至是退一赔一，到了最后即便没法达到这些要求，至少也会得到不同程度的满足。明明一开始的要求很高，但是到最后反而可以得偿所愿，这是为什么呢？

对于卖家来说，只要一开始报价，价格就不可能再抬高；而对于买方来说，一旦说出了自己的预期成交价，价格就只可能往上抬，不可能再有降低价格的机会了。所以假如谈判者一开始就把实际的心理价位报出来，就会彻底失去讨价还价的余地，在谈判中陷入"听人摆布"的被动境地。然而，如果死守着条件，一步也不肯退让，谈判也是注定不会成功的。亨利·基辛格说过："谈判桌上的结果完全取决于你能在多大程度上抬高自己的要求。"谈判的过程，就是以自己的让步，换取对方的让步。想要在谈判中占据有利地位，就要在一开始提出比预期高的要求，为后续的妥协预留出足够的余地。

情景再现

有个客户委托一位地产代理人参与购买一处不动产的谈判。谈判一开始，双方看完房子，相互交换对房子和交易的意见，一切都进展得很顺利。接下来，谈判进入了讨价还价的阶段。这位代理人经过一番深思熟虑后，洋洋洒洒地提出了 15 条要求：赠送车位、代缴一年物业费、负责对房子的修缮……在听这些要求的过程中，对方全程沉默不语。可是这位代理人仍然面不改色，从容地将自己的要求一条条说完，然后静静地等待对方的答复。他的心里很清楚，自己提的要求是很苛刻的，对方肯定不会答应，这些要求至少半数以上会遭到他的拒绝。果然，对方考虑了之后，认为这些要求太高了，要求让步，代理人一口回绝。于是对方说需要考虑一下。令他感到惊讶的是，对方在三天之后主动联系他，说可以接受其中的 12 条。就这样，这位代理人最终帮助客户获得了这份不动产，而仅仅放弃了其中的 3 个条件。

谈 判 之 道

在上面这则案例中，这位代理人的成功秘诀概括起来就是：开高价、小让步。一开始就提出的高要求为他赢得了让步的余地，使得双方可协商的空间和弹性增大了，这样即便没法达到全部的目的，最后得到的也必定会比原有的预期要高。其实，经验丰富的谈判者都将让步当成最好的进攻，在谈判的刚开始，就有意将条件抬高。这样做既可以试探对方的心理价位，又可以在接下来的谈判中给自己留一个让步的较大空间，不仅可以展示自己的合作诚意，而且还可以将自己的底线隐藏好，从而在谈判中让己方的利益最大化。

不过，需要注意的是，提高要求不同于没有根据的漫天要价，有经验的谈判者在谈判时通常会遵守以下准则。

1. 让对方感觉有商量的余地

有时候，谈判者在讨价还价的时候为了迫使对方让步，会特意摆出一副态度很坚决的样子。然而假如一开始在抬高价格的时候，就让对方觉得"就是这个条件，而且必须是这个条件"，对方很可能马上就放弃了："那就没什么可谈的了。"就好比有些顾客在买东西时遇到商家的一口价，当无法接受时，他就会不假思索地离开。相反，如果让对方觉得你开出的条件还有商量的余地，例如"从目前的情况来看，根据你的订单数、要求的包装质量还有发货时间，这已经是我们能给出的最低价格了"。这时对方的心里可能会想："虽然这个价格有点离谱，不过看他的态度，价格应该还可以再砍一砍。"这样，对于那些想成交的谈判者来说，随着谈判的进行，就很有可能达成一个双方都能接受的结果。

2. 准确界定自己的目标

假如有部汽车你想以 15 万元的价格卖掉，那么你的第一次开价就应该高于 20 万；假如你期望上级给你涨薪 2000 元，那么你提的要求不应该低于 4000 元；假如你想获得一块空地的使用权，你第一次提出的条件不应该少于 3 条。换句话说，你的第一次开价应该比双方第一次报价的平均价格高。这样，即使双方各让一半，你也仍然能够达到自己的目的。尽管并非所有的谈判最后都是这种结果，在没有得到更多信息的情况下，采用这种策略通常也会帮你争取到一个相对满意的结果。

3. 制订详细的让步计划

谈判者应该在开始讨价还价之前，就提前针对即将做出的让步制订一个详细且明确的计划，规划好在什么情况下做出让步、每次让步的幅度是多大、每次让步的目的是争取哪些利益、让步之后要怎样转移对方的注意力，以及在整个谈判过程中总共有几次让步等。这样，谈判者才不会在对方的讨价还价中漫无目的，以致偏离了最终的谈判目标。

朱氏箴言

在做出让步的时候应该尽可能地制造一些神秘气氛，给对方一种感觉：这是他专属的优惠，例如"千万不能让别人知道了，要是人人都找我要这个价格，我就真没法做了"。同时还要让对方感觉，你让步不是为了销售产品，而是因为欣赏他的为人，而且你最后给到他的价格已经是最低，不能再降了。

用妥协换"补偿"，用让步换"人情"

只要是谈判，都无法避免让步，然而让步是为了获得最终的利益。如果你所做出的妥协让步没法为自己争取到其他方面的补偿，那这种让步就失去了意义。有经验的谈判者会在准备做出让步的时候，就明明白白地向对方表明："我方是真心希望达成共赢，也希望以后能有更多的合作机会，为了表示我方的合作诚意，我们愿意做出最大的让步。"总之，要想尽一切办法，用让步卖人情，借此获得对方的认可，从而为未来的更多合作奠定良好的基础。

情景再现

山东伊芙罗蔓化妆品有限公司生产了一套化妆品，想通过一家代理商销售出去，为此双方派出代表进行了一次谈判。谈判一开始进行得还算顺利，化妆品套装的进货量、压货处理等问题都已经基本达成了一致。不料在价格问题上，双方却产生了不同意见。公司给出的价格是每套150元，可代理商始终咬死每套80元的价格不肯放松。双方互不相让，谈判陷入僵局。

双方经过一番唇枪舌剑，反复讨价还价，最终同意各自让步，公司将价格降到了每套120元，而代理商则将价格提高到每套90元。谈判再次陷入了僵持的局面。

最后，代理商一脸无奈地说："我们在这里开店也不是一天两天了，肯定希望有个稳定的供货商。为了表示我们的诚意，我们给您每套100元的价格，您看这样行不行？不能再高了，再高我们就亏本了。如果您觉得可以，我们就成交，假如每套100元您还不能接受，那我们也无能为力了。"

该公司听了代理商这一番话，略微考虑之后就答应了他的条件，以每套100元的价格成交。后来的事实表明，这家公司的产品质量很好，上市后深受广大顾客的喜爱，代理商的销售业绩相当不错，于是双方一直保持着稳定的合作关系。代理商每次进货的时候，公司给他们的折扣都是最大的，而且还提供零库存服务；而当每次代理商需要货的时候，公司都会优先定额提供给他们。

谈判之道

在这个例子里，代理商用让步换人情告诉对手：为了表示诚意，自己愿意做出让步，从而换取长期合作。这样，当今后双方再次合作时，对方自然很愿意给予他们一定的优惠。

因此，做让步时应该让得有价值，一定要让对方明白你是在做让步，并且对于合作你有足够的诚意。俗话说，"伸手不打笑脸人"，面对着你的诚意，对方哪怕再不情愿，也多少会给予一定的重视。

1. 用让步换未来

谈判者在让步之前，应该考虑清楚自己让步的目的。如果一味地为了让步而让步，那么这种让步不可能换来更多的利益；如果只是为了让对方在谈判协议上签字，那么所得也很有限。有经验的谈判者一般眼光比较长远，让双方建立起一种长期稳固而可信赖的关系，这也正是让步的长远目的。

2. 说对让步的话

在让步的时候，有经验的谈判者会摆出一副真诚的态度，并使用委婉的语气来表明自己的立场，让对方感受到自己是出于诚意才做出让步。为了使让步取得较好的效果，他们还会尽可能地根据对方的性格和风格去处理，有针对性地选择合适的表达方式，把话说到对方的心里，从而让自己的让步发挥最大的效果。

3. 坚守底线

值得注意的是，让步并不意味着为了强拉人情而不惜损害自身的利益，而是要建立在对自己和他人都有好处的基础之上。无论是在商场还是职场，或是人际交往中，很多时候自我牺牲都无法为你带来更大的利益，反而会使你处于更加不利的地位。例如，如果上面例子中的代理商为了成交而接受了对方 120 元的进价，那么在后面的合作中，他就无法为自己争取到更低的价格。这样做的直接后果就是无形中增加了自己的销售成本和难度，甚至会带来更糟糕的后果。因此，有经验的谈判者即使想用让步来拉人情，也绝对不会不顾自身的利益而放弃底线。

朱 氏 箴 言

欺骗型让步可以有效地掌握对方的心理，让对方感觉到满足，从而帮助谈判者收获人情。具体的做法是，先做出一个较大的让步，接着在下一个阶段中表示自己已经做了最大的让步，无法再妥协了，然后在下一次让步时进行一个回升，要求对方给予一定的回报，最终以一种被迫的姿态做出让步。如此一升一降，尽管自己表面上在不断地让步，而实际上与预计的让步幅度并没有什么差别。

让步时机要恰到好处，不宜早也不宜迟

在谈判中，谈判者的地位和利益往往取决于让步的时机。让步太迟，甚至到了双方的关系恶化、立场强硬之后再进行妥协，就很难再发挥应有的作用，甚至可能会导致谈判破裂。不过，让步过早，也往往会让自己处于被动的地步，会在对方的紧逼之下连连退让，到最后甚至可能连底线也守不住。最严重的是，即使已经做了重大的妥协，在对方的眼里，也不过是无足轻重的小让步而已。因此，为了让己方的利益最大化，让步一定要选择一个恰当的时机，既不宜过早，也不宜过迟，有经验的人往往也非常善于利用时机打破僵局、操控对手。

情景再现

在两家公司的一次谈判中，双方经过了多次接洽后，在最后的报价阶段僵持不下。山东乐高胶业有限公司对货品的报价是每吨2100元，可山东景天堂药业有限公司却坚持每吨最多只能出价1900元，双方互不相让，僵持了很久。

终于，药业公司的谈判代表端起桌上的茶喝了一口，说："好吧，我真觉得有些遗憾，咱们双方谈了那么长时间，眼看差一点就要成功了，没想到还是这样的结果。"

胶业公司谈判代表："没错，我方也觉得很可惜，可这个价格已经是我们能给出的最低价格了，市场上绝对找不到比我们还低的价格。"

药业公司谈判代表："那可不见得，据我了解，还有其他公司比你们的价格低。老实说，这么大的一笔生意，难道你忍心就因为这一个小小的问题而前功尽弃吗？"

胶业公司的谈判代表心里非常想谈成这笔生意，然而表面上都装出一副满不在乎的样子："我们确实没办法，这个价格你们如果能接受我当然高兴，但要是实在不同意，我们也只好放弃了，咱们就当是浪费了一些时间吧。"

药业公司谈判代表："就 1 千克差那么几块钱而已，就为了几块钱放弃这么一大笔的单子吗？我们之间不是第一次合作，也绝不会是最后一次合作，将来有的是机会。你看这样好不好，咱们双方各让一步，2050 元如何？如果可以，我们马上签合同，否则就只能到此为止了。"

胶业公司的谈判代表无奈地点了点头："好吧，只能这样了，我这次可真是亏本换人情了。"

于是，双方达成共识，最终完成了交易。

谈判之道

一般来说，有经验的谈判者为了使自己的让步起到有效推动谈判进程的作用，不到迫不得已的时候，不会轻易让步，而是会耐心地等到最后关头才做出让步。此时的买卖双方已经针对具体的事宜进行了足够多的沟通与协商，各自的心中都形成了一个底线，并且都摆出了最后报盘的架势。在这个时候，双方自然都希望谈判可以达成，而不希望自己前面的努力功亏一篑。因此，在这个时候，只要做出适当的让步，就可以较为容易地令双方都感到满意，从而促成交易。

1. 最后关头才让步

应该说明的是，这里所说的在最后关头才做出让步，并不是说一定要等到整个谈判进行到最后的阶段、再不让步谈判就要终止的那个时候才来做让步，而是指在一个谈判阶段的最后时刻让步。例如，在协商价格、售后服务和补偿性条件等问题的每一个阶段的最后时刻做出让步。这样做的好处是，可以让对方感觉你已经把所有能给出的好处都提供出来了，毫无保留了，这个让步是你目前可以做的最后一点牺牲，令对方感觉自己占到了便宜，从而产生一种极大的心理满足。

2. 让步可以换取更多

谈判者如果发现自己在某一个问题上做出让步可以为自己争取到更大的利益，就应该果断地做出让步，以确保自己在整个谈判中占据优势。

朱氏箴言

在让步的同时，谈判者一定要明白地告知对方："这是我的最后底线，不会再退让了。"这样一来可以阻止对方诉求无度的想法，避免他得寸进尺的念头；二来也可以为谈判设置一些难度，促使对方更加珍惜来之不易的成果。

坚守每一寸"阵地"，退让不能毫无原则

在谈判中，人们常常会有一种得寸进尺的心理，假如很轻易地得到一些东西，他们就会想：如果我再坚持一下是不是会得到更多的好处？正因为如此，率先做出大幅度让步的一方更容易陷入被动的局面，从而遭到另一方的步步紧逼。有经验的谈判者会把握好让步的尺度，给出较大的诱饵，引诱对方尽最大的努力去争取得到让步。

情景再现

有一户人家为了改善居住条件，决定把现在居住的面积较小的房子卖掉，换一套大点的房子。这套房子他们的预期售价是260万元，最低是230万元，因为他们当初光是购买和装修就花了230万元，到现在住了还不到三年，而且现在的房价一直居高不下。在这套房子挂牌出售的两个星期以后，有一位买家过来看房，他详细察看了这套房子的方方面面，感到挺满意，可他却只肯出价180万元，这与卖家的底价相比还差了50万元。经过一番沟通协

调之后，房东勉强同意将房子的售价降到 252 万元，然而买方还是觉得价格太高。他看到卖方一下子就这么干脆地降了 8 万块钱，于是为了促使卖家再继续让步，就故意继续拖延。由于房东急于出手这套住宅，看到买家的态度这么坚决，无奈只好忍痛再降 3 万元，这个时候这套房子的价格已经降到了 249 万元。尽管买方觉得这个价格已经十分优惠了，可他坚信自己一定还可以再用更低的价格买下来。不过这一次卖方自然不再那么轻易让步，他对买家说，自己的房子并不着急卖，之前有中介找到他，开价 260 万，自己觉得价格太低，没有同意。现在半个月过去了，对方仍然联系自己说可以按照这个价格成交。假如买家认为 249 万元不能接受，那就不必再谈了。其实，所谓的中介开价 260 万的事并不存在。

　　房东的这一句话使买家开始担心，毕竟要找到一套真正中意的房子并不容易，这个价格也并非高得离谱。于是，在经过一阵深思熟虑之后，双方同意以 249 万元的价格成交。

谈判之道

　　在这个故事中，房东在卖房的过程中妥协的幅度逐步递减，到了最后，他坚决不再做出任何让步。对有经验的谈判者而言，哪怕内心很想谈成这笔交易，也要注意控制妥协的限度，步步为营，循序渐进，坚守住每一寸阵地。不管对方如何软硬兼施，也无论情况如何变化，都既不会过于频繁地让步，也不会一开始就急于大幅度让步。

有经验的谈判者会尽可能地在谈判之前收集足够的资料，用来支持和证实自己的论据。这样当对方用相关的资料逼迫他做出让步的时候，他也可以牢牢掌控局面，占据主动。

哪怕是在那些只有做出较大的让步才能够达成协议的不得已情况下，有经验的谈判者也会把自己之所以做出让步的原因明确地向对方说明，让对方知道自己是从合作的角度出发才做出让步的，而绝非由于立场不坚定而动摇。

对于普通谈判者而言，除了掌握这些常规的让步法则，还需要掌握以下两条准则。

1. 让步幅度逐步递减

比如说，你第一次主动降价 500 元，第二次再主动降价 700 元，这时即便谈判者明确地告诉对方，"这已经是最低价格了，我绝对不会再让了"，对方也依然会再次提出降价的要求，而且往往会越发迫切地想要获得降价。这是由于 700 元的降幅太大了，会让人感觉这绝对不是最后一次让步，对方会据此而认定只要他继续坚持，你就一定会再次妥协。为了达到这个目的，他甚至会不惜以转身离开来威胁你，说不定还会认为你实在太不近人情：既然都已经让了 700 元，为什么不愿意再给一点点优惠呢？如果照这样的方式谈下去，谈判将无休无止地进行下去，永远都不可能达成交易。还有等幅让步的方式也是类似的错误，所谓等幅让步就是两次或三次让步的幅度一样。等幅让步的弊端和增幅让步一样，非但无法获得对方的认同，甚至可能引起对方的反感。因此无论从哪个角度来看，让步都绝不应该一步步加大，而要反其道而行之。

2. 永远不要"一步到位"

让步的原则是，能让一块就绝不让两元；能分成两次让步，绝对不要一步到位。谈判者要事先准确地预估可以让步的范围，然后把这个范围细化成多个步骤，在具体实施的时候应该像挤牙膏一样，一点一点慢慢地把给出去的好处往外吐。

朱 氏 箴 言

谈判者在让步前可以要求对方给出交换条件，并跟对方说："为了表示我方合作的诚意，关于这个问题，我方愿意做出一些让步。不过，我们也希望……"这样做的好处是把让步变成双方各退一步的局面，而不要总是由你一个人当冤大头。

善于捕捉共同点，在分歧中达成共识

一般来说，谈判的双方会坐在一起谈判的原因无非是希望从中获利，或者说是为了满足自己的需求，而不是为了维护谈判者的某些立场。换言之，谈判者之所以会坚持某种立场，目的是获得预期的利益，而双方的共同点以及达成的共识也就代表了双方共同的利益。原柯达公司的全球副总裁叶莺曾经说过："谈判不能忘记自己的原则，但也不能一厢情愿，只顾自己的利益。想要获得谈判的成功，关键是大家要找到共通点，就好比把两个圆形叠在一起，中间会有一个交集，双方都想尽量把互惠互利的交集放大。然后把这个共通点当成谈判的基础，如此一个一个地去谈，最后就会找到一个各方面都愿意接受的点。"所以经验丰富的谈判者在谈判中不但可以运筹帷幄、出奇制胜，并且善于捕捉共通点、以点破面、在分歧中寻找共识。

情景再现

在20世纪80年代，我国花费了10亿人民币巨款从美国引进了三套生产化肥的大型设备。在调试运行期间，其中有一套透平机转子叶片三次断裂，每停一次机就要损失45万元。对于事故发生的原因，当时中美双方的专家各执己见，美方认为这只是一起偶然发生的事故，而中方的专家则经过一番仔细的推算和分析，认为转子叶片之所以发生三次断裂是设计的缺陷，因为它的强度不够。如果真是这个原因，那么显然美方应该承担这起事故的责任，他们不但应该立刻更换设备，还应该承担由此造成的一切经济损失。由于这笔赔偿的数额较大，显然美方不会轻易接受，这注定将会是一场艰难的谈判。

美方的技术主谈总工程师为了证明他们的产品不存在质量问题，特别强调了该产品是严格根据世界著名透平权威特莱贝尔教授的理论进行设计的。中方的技术主谈孟庆集教授一听到特莱贝尔这个名字，突然灵机一动，可他表面上却丝毫不露声色，只淡淡地插了一句："我们认同特莱贝尔教授的理论，这一理论应该成为我们双方共同接受的准则。"他在说这句话的时候，语气很平静，因此美方一点都没有察觉到其中的玄机反而产生了一种错觉，认为中方已经接受了他们的观点，美方总工程师的脸上露出了一丝得意的笑容。

孟教授在说完了这句话以后，紧接着又补充强调了一次："我方十分钦佩特莱贝尔教授的学识，也非常尊重他的理论。"说完以后，他停顿了一下，观察对方的反应，看到美方总工程师频频点头，孟教授放了心。这意味着双方在这个方面取得了共识。

可是美方总工程师在点了头以后，马上意识到有些不对劲，于是赶紧声明："我们不要再谈这些了。"孟教授哪里会轻易放过这个机会，他步步紧逼，顺着美方总工程师的话继续说下去："既然我们谈判的共同基础是特莱贝尔教授的理论，而你们的设计依据又是基于特莱贝尔教授的理论，那么教授在他的著作中一再强调'激振力系数是很难取准、很难确定'的，这么说来，你们依据教授的理论所设计的转子叶片的系数也一样是很难取准、很难确定的。所以，叶片在不同的部位三次断裂，其中的原因就很清楚了。"

这场谈判持续了三天，双方进行了四次对话，最后中方取得了全面的胜利。在这期间，孟教授发挥了至关重要的作用。他正是抓住双方共通点大做文章，才为谈判扫清了障碍。

谈判之道

在谈判中，一旦对方对自己提出的条件表示强烈的反对，你可以制造出一个假想的共同敌人，并抓住一个小小的共通点不断扩大解释，借此转移对方的注意力，使对方产生一种和你的利益点一致的感觉。比如在市场上，通常竞争力相同的中小企业间容易产生纠纷，甚至发展到势不两立的地步。倘若此刻有一方提出："我们要是再继续这样对峙下去的话，岂不是让××公司坐收渔翁之利？"这样对方会产生一种危机感，为了当前的利益，就会减少敌对的情绪，从而拉近双方的关系。

想要在双方之间找到共识，促使交易达成，谈判者首先要搞清楚对方的利益在哪里。然而，利益往往隐藏在立场后面，这就要求谈判者要透过现象看本质。通常而言，谈判者可以从以下几个角度研究对手的利益。

1. 探求对方的理由

在谈判中，谈判者可以设身处地站在对方立场上，研究对方的需求和欲望，将那些合理的利益和不正当的理由区分开，对于对方合理的利益，应该给予应有的尊重和适当的满足。

2. 研究对方利益的多重性

要知道，谈判参与者的利益往往包含多方面，比如，在卖方和中间商的谈判里，争取最佳价格、维护销售渠道的畅通、获得中间商提供的各种服务等都属于卖方的利益。除了关注对方摆在桌面上的利益之外，也要注意对方的其他利益。尽管谈判双方关注的焦点是物质利益，但这并非双方关注的全部内容，还有尊严、安全感、自主、平等……这些也都是谈判双方的基本要求，如果忽视了这些要求，谈判也往往注定会失败。

朱氏箴言

强调共识的谈判方式具有这样的特点：对于谈判过程中的每个环节，谈判者都要能及时洞察，并且找出双方都认可的方面，然后对其加以适当的引导，在对方没有察觉的情况下，让他承认这个共识的存在。这个时候，你就可以以此为突破口，诱敌深入，迫使对方同意有利于己方的条件。

强调自己的让步，后退是为了更好地"前进"

任何的谈判都免不了会有妥协，因为总要有人做出让步。不过，除了让步之外，还有没有其他的办法可以使得自己利益最大化呢？

情景再现

有位批发商想收购一批水果。农户要价每公斤 1.8 元，批发商报价每公斤 1.5 元，双方为此争执了很长时间，都没有办法达成一致，谈判陷入困境。

虽然还有一些其他的地方出产这种水果，可是批发商觉得，由于气候和水土的原因，只有该地区的水果口感最好，上市的时间也早，就算是进价高一点，也可以收获较高的利润。加上这个地方的民风淳朴，值得信赖，可以长期合作。他明确向对方表示，同意以每公斤 1.8 元的价格成交，并且愿意长期合作。

让批发商意想不到的事情发生了，农户竟然主动提出，如果可以长期合作，他愿意以每公斤 1.6 元的价格成交。而且在交货的时候，批发商发现水果都是经过农户精挑细选出来的，卖相特别好、销量自然也很好，而双方在签订合同时并没有提到这一点。

谈判之道

就这样，这位批发商在面对困境时以退为进，表面上是做出了妥协，却因此让对方的心理得到了满足，既找到了一个长期稳定的供货渠道，还让对方主动保证供货的质量，可以说是以小博大，互惠互利。这种以退为进的策略往往可以帮助谈判者在形式上满足对方，提高谈判成交的可能性。

这里说的让步，其实并非一定是体现在降低价格上，除此之外还有很多种操作方法，有可能是帮对方解决一个小问题，以此换取对方更大的妥协；也可能是暂时做出一些小小的让步，让对方放松警惕；还可以是放低姿态，虚心请教对方，让他帮助解决问题；还可以是把客户内心期盼的部分勾勒出来，让他参与其中。不管怎么样，只要能让对方感觉到你满足了他某一个方面的需求，谈判就会变得没那么难了。

所以，有经验的谈判者一定会刻意强调和突出自己所做的各种让步，明确地告诉对方自己做了哪些努力，从而在谈判中占据主导地位。

1. 明确告诉对方自己在让步

在不违背原则和不损害自身利益的前提下，如果必须要做出退让，那么一定要明确地告知对方，并让对方知晓这已经是你能做的最大让步，不可能再多了。这样，对方才会认可你所做的牺牲，而不至于得寸进尺。

2. 没有好处就绝不让步

如果让步无法让你得到相应的补偿，那么一定不要退让。你可以事先估计对方可能会提出的要求，在做出承诺让步的同时，向对方索取你想要的价值作为交换条件。

3. 降低对方的期望值

要想让谈判能够顺利地进行，谈判者必须要有双赢的意识；想要让自身的利益最大化，就要学会降低对方的底线。有经验的谈判者常常会凭借自己的专业和权威，从气势上压倒对手，防止对方贪得无厌，狮子大开口。这样，对方在要求让步的时候就会更加慎重，调整自己的底线。

4. 表露诚意

还有一种能够在形式上满足对方的做法是向对方表达诚意："我们十分看重这次合作，也非常希望能够和贵方达成这笔交易，因此，我们没有漫天要价，也请贵方慎重一点。"只要不是特别重大或特别荒唐的要求，谈判者向对方表达诚意就都极有可能打动对方，从而令对方主动做出让步。

朱氏箴言

在必要的时候，谈判者不妨这样问对方："请问，贵方希望我们提供什么样的帮助？"这样的说法容易赢得对方的好感和信任，从而为达到最终目的奠定必要的情感基础。

给自己设立一个底线，不要让让步失控

所有的谈判都是一个过程，为了让谈判有最好的效果，谈判者需要经常对自己执行策略的结果进行评估，反思按照当前的策略自己能否守得住底线，否则将会陷入十分被动的局面。

其实，无论谈判的规模有多大，谈判者都应该给自己制定一个底线，随后采取的所有策略包括让步都应该在这个底线之上进行，这样谈判才能对症下药，发挥最大的作用。

情 景 再 现

小张在4S店看中了一辆车，虽然他对车子的各方面都很满意，但是当听完销售员的报价后，他感觉价格太高了，超出了自己的预算：10万元。

4S店的销售员问他准备什么时候来提车，小张直言太贵了。

销售员笑着说道："先生，我们这款车的外形线条流畅，发动机质量过硬，车子的驾驶体验也好，性价比非常高，所以在我们这儿的销量一直都不错。很多人像您一样，刚进门就看中这款车了。"

小张拍了拍车门说："这车总体来说确实还不错，可惜价格太高，而且你都不给我一点优惠。"

销售员做出一副为难的样子说："先生，您放心，现在汽车行业的竞争非常激烈，价格也十分透明，您上网查一下就知道，我给您的这个价格已经是最实在的了，您用这个价格买到这款车绝对是物超所值。我看您也是真心喜欢这辆车，这样吧，我赠送您一套大礼包。"

小张还是摇了摇头："谢谢，可是车的价格确实太高了，你给我优惠1万元，再加上这个大礼包，那我就买了。"

销售员费尽唇舌，小张却依然不为所动，坚守自己的底线，说价格太高，超出了自己的预算，销售员只得给小张优惠了9800元，才最终成交。

谈 判 之 道

在这个例子中，小张之所以最后能得偿所愿，原因就在于他对自己的底线非常清楚，谈判时就不会随便妥协，不会得到一些小恩小惠就动摇。在谈判中，这种情况屡见不鲜。尽管在谈判中让步是家常便饭，然而谁都不可能一直让步。假如一味地寄希望于改变对方的想法以获取更多的利益，显然是很不明智的，因为没人会犯同样的错误。因此谈判者必须对自己的底线有一个清醒的认识，才可以基于这个底线反复磋商，共同做出让步，这样谈判才能真正地实现双赢。

所以，谈判者需要注意以下几点。

1. 注意对方的"好心"

谈判者时刻都要保持清醒的头脑，注意对方的"好心"。有时候，对方会装出一副一切为你着想的样子，好像只要不听从他的建议，你就会蒙受巨大的损失一样。例如，有些人在买车的时候，原本是想买一辆价格较低的经济型车，然而销售员为了自己的业绩提成，可能会一个劲地怂恿他购买一辆价格更高、提成更高的车："当您去拜访客户的时候开着我们这款高端时尚的车，他一定会眼前一亮，认为您是一个有品位、有眼光的人，那么他在做决定的时候会更加重视您的想法。反之，假如您开的是一辆普普通通的车，客户对您的第一印象就会打个折扣，您说是吗？我想，像您这样有身份的人肯定不愿意出现这样的情况吧！"于是，你就在对方这样一步步的引导之下逐渐偏离了自己的底线，做出违背自身利益的错误决定。所以，有经验的谈判者切记，既然是谈判，那么对方必定会有所图，特别是当对方用极大的热情来鼓动你的时候，更要保持清醒的头脑，搞清楚对方这样做的真正目的是什么。

2. 对得寸进尺的行为一口回绝

在一些重大的关键性问题上，谈判者要慎重地衡量自身的利弊得失，尤其是对于涉及原则的问题，更要勇于据理力争，不怕得罪对方。如果己方的让步已经接近底线，谈判者可以通过面部表情、肢体语言、文件材料等形式明确告知对方，自己的让步已经到达底线，一口回绝对方的任何砍价，打消对方得寸进尺的念头。

3. 警惕对半折中

通常来讲，谈判双方的报价差距会比较大。当谈判进行到了某个阶段的时候，其中的一方为了达成交易，可能会提出双方各退一步，采取对半折中的方案。这种提议表面上看起来似乎挺公平合理，对双方都有好处。然而问题的关键在于，卖方是为了以最小的让步换得最高的成交价，而买方则恰恰相反，是为了以最小的让步换得最低的价格。双方的立场不同，决定了报价也不可能一样，可以做出让步的范围自然也不一样。那么，所谓的折中方案对让步范围较小的一方而言显然是不公平的。一般来说，处在更有利位置上的一方会提出折中方案。因此，有经验的谈判者对于对方的对半折中方案需要谨慎小心，以免落入对方的圈套。

4. 提前和同伴做好约定

谈判者要提前与同伴做好约定，假如在谈判中发现己方的团队成员快要偏离底线，要马上通过谈判记录、语言和肢体语言等方式，及时对同伴做出提醒。

朱氏箴言

在谈判开始前，可以用一张纸将自己的底线即最低目标写下来，在谈判过程中如果感觉快要触及底线了，就拿出来看一下，提醒自己要对对方的要求进行再次分析，然后再结合现实情况，做出一个更加客观的判断。

成交时切勿轻易让步，而要表现出不情愿

很多人在购物的时候一定都有过这样的心理体验：假如卖方叫价 10 元，买方还价 9 元，这时卖方很爽快地答应，此时买方拿着商品的时候肯定会感觉自己上当了，后悔自己还价还得太少了。而且，卖方的表现越爽快，买方上当的感觉就会越强烈。

这就是人性的通病：越容易得到的东西，人们就越不重视和

珍惜。反之，越不容易得到的东西，人们反而会越有兴趣。你的不情愿会让对方情不自禁地产生一种补偿心理，到最后心甘情愿地给予回报。因此，有经验的谈判者常常会装出一副遗憾的样子说："我觉得这款产品非常适合您，您要是错过了它，很难再遇到更适合的了。至于价格，这的确已经是我们的出厂价了，不瞒您说，我们这款产品的使用率非常高，平均到每天也不过是不到1元钱的成本。您只花了一个包子的钱，就解决了很大的麻烦，难道您还觉得不划算吗？"如果买家仍然强硬地坚持要求让步，谈判者才会"迫不得已"地松口："真没办法，既然您这么有诚意，要不咱们各让一步行吗？"话都说到了这个份上，对方就很难不动摇了。

在这里，经验丰富的谈判者使用的策略说起来其实并不复杂，那就是假装不情愿，让对方对自己的报价产生怀疑，从而给对方造成心理上的压力。

情景再现

刘小姐想把自己名下的一套房产卖掉，再重新买一套。刘小姐当时买这套房子的时候价钱并不高，所以如果按照当前的市价卖掉，肯定可以赚到一笔钱。

刘小姐的房子挂牌出售之后，有位林先生表示很有兴趣买刘小姐的房子。两人在面谈的时候，刘小姐对林先生说："现在的房价正在下跌，说句心里话，这套房子我其实并不怎么想卖。它虽然有点旧，可是我对它的感情很深。我从结婚生孩子后就一直住在这套房子里面。本来我是准备等房价稳定了以后再卖的，可是因为孩子马上就要入学了，这里到我们家孩子上学的学校有点远，所以才想卖掉的。"

林先生看完房子后，出价 100 万元，但刘小姐自己的心理价位在 130 万元左右。因此刘小姐听完林先生的报价后装出一副非常吃惊的表情："林先生，您这个价格未免也太低了吧？您这个价格在市场上根本买不到这样的房子，这个价位我完全无法接受，请您再考虑考虑。"

紧接着，刘小姐说自己这套房子低于 150 万元是绝对不卖的。

听完刘小姐的话，王先生只好给出了 125 万元的价格。可是刘小姐又说，不能低于 140 万元。

随后谈判进入了僵局。

过了一会儿，刘小姐说："林先生，这房子您也看了，我们两个也谈了这么长时间。现在价格只差 15 万元了，如果您是真心想买这套房子，就再多加一点吧，这样我们双方都能满意。"林先生想了想，说："我最多也只能出 130 万元，不能再多了。"

本来 130 万元已经达到了刘小姐预期的价格，可刘小姐还是说："实在不好意思，您的报价我无法接受。我老公那边也联系了好几个买家，我看我还是回去问问他那边的情况吧。"

说完，刘小姐就停下来看着林先生。林先生想了想，无奈地说："好吧，140 万就 140 万元吧。"

就这样，刘小姐成功地多赚了 10 万元。

谈 判 之 道

这位卖房的刘小姐绝对算得上一位谈判高手，她在刚见面的时候，就开门见山地对林先生说自己不愿意卖这套房子，这种假装"不情愿"的策略显然极大地刺激了林先生的购买欲望。接下来，刘小姐那些假装不情愿的让步，一次次地迫使林先生感觉自己开出的价格很低。最后，刘小姐又说自己的老公已经在和其他的买家接触，如此一来，让林先生更加迫不及待地想买下房子。这就是刘小姐的假装"不情愿"让步策略。

可能有些人会觉得，行就是行，不行就是不行，为何还要摆姿态、装作不情愿呢？这是因为，谈判是一场博弈，谈判双方会想尽一切办法、不遗余力地让自己获得最大的利益，如果对方提出的要求你不假思索就答应，只会让他得寸进尺。可是当让步方"不情愿"地妥协的时候，另一方就会对自己取得的成就更加满意。所以，在成交关头无论你的心里有多高兴，都不要轻易做出让步，而要恰如其分地表现出自己的不情愿。

1. 一开始就告诉对方你不愿意交易

很多人在买东西的时候，总喜欢装作不怎么喜欢的样子，然后一再地表现出这种不情愿。而最后的结果就是，这种不情愿会让对方为了达成交易而一再让步。因此在谈判中，你不妨跟对方这样讲："现在的房价一直在涨，我要不是急等着用钱，是不会在这个时候出手的。""这样吧，我最后再给您优惠 100 元，这个价格已经是最低了，再少我就真的要亏本了。"

2. 制造假想敌

假如你是买家，你可以对卖家说："我刚才在另外一家店看到了一样的衣服，价格比你的低 200 块钱呢……"而假如你是卖家，你就可以这么跟顾客说："昨天刚有一位大姐跟我商量，他想以 20 万元的价格成交，我都没有答应；今天你居然只给 15 万元？……"总之，在谈判的过程中，如果对方为了试探你的底线，企图讨价还价，你就可以给他制造一个假想敌，让他明白你的交易对象并不是只有他一个人。这样一来，他就会再慎重地考虑一下自己的条件是不是真的合理了。

3. 不情愿，也要微笑祝福

千万别忘了，假装不情愿的最终目的是有效地促成交易，然而一旦成交了，谈判者就要为对方送上祝福和祝贺。因为任何事都是过犹不及，如果表现得过分不情愿，有时候可能会起到反作用，会让对方对你的用心产生怀疑。而真诚的祝福和祝贺，则会给对方带来一份美丽的心情和良好的交易体验。

朱氏箴言

使用"不情愿"策略时还可以借助一些文件。例如，对方质疑你的成交价，你可以拿出提前准备好的进货单给对方看，让他知道你给出的价格真的是最低价，没法再降了。这样，当你真的做出让步的时候，对方就会更加有成就感，成交的欲望自然也就更强烈。当然，这里的进货单可能是经过特殊处理的。

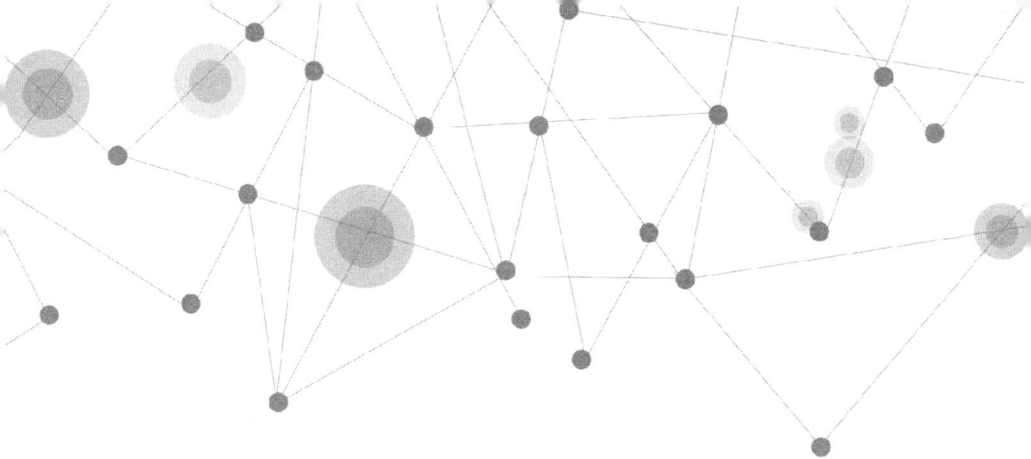

第五章　瞄准弱点直击软肋，突破对方的心理防线

　　每个人都有自己的软肋，它来源于我们与生俱来的人性弱点和后天养成的世俗判断。谈判高手之所以能在交涉中无往不利，最关键的是他们更懂得揣摩和理解人们的心理规律，能牢牢抓住对方的软肋，在谈判中迅速突破对方的心理防线。

不要吝惜恭维和赞美，用甜言蜜语打动对方

世界上最优美的语言是赞美。现实生活中，人人都渴望得到别人的赞美和欣赏，从而体现出自身的价值，获得心理的满足感和优越感。心理学家威廉·詹姆斯说："人类最基本的相同点，就是有渴望被别人欣赏和成为重要人物的欲望。"美国商界才子鲍罗齐也曾说过："赞美你的客户比赞美你的商品更重要，因为让你的客户高兴你就成功了一半。"对谈判对手的赞美会使你赢得更多的成交机会，从而获得更多的利润。有经验的人与别人进行谈判时，会充分满足人们的这种心理，先用恭维话扣住对方的"脉门"，然后再一步步说服对方。

情 景 再 现

李明是一名十分优秀的保险推销员。一次，公司先后派出10名推销员去向某公司的大老板赵总推销保险，但是都遭到了他的冷遇，理由是自己很忙，没有时间和他们交谈。而且他向来就对推销没有什么好感，总是避而远之的。所以只要有推销员上门，他都会用自己的冷漠使推销员知难而退。李明了解到这样的情况，却还是决定亲自去试试。

到了赵总的办公室，李明开始做自我介绍："赵总您好，我是

保险公司的推销员，很高兴见到您。"

说着便把自己的名片递了上去。赵总瞥了一眼名片，便扔在了办公桌上，不高兴地说："又是一个推销员。在你之前已经有10个推销员来我这里了。你高兴见到我，我却不高兴见到你啊。我还有很多事情要做，不能花时间听你们这些推销员唠叨，我没有时间的，不要再烦我了。"很明显，赵总已经下逐客令了，并且态度十分冷漠，一般的推销员肯定都会灰溜溜地离开，但是李明没有就这样选择离开。

他完全没有理会赵总的态度，而是微笑地对赵总说："在见到您之前，我想象中觉得，作为这么大的一个公司的总经理，您应该是一个老者，没想到您还这么年轻。能成就这么大的事业，真是不容易啊。"

这句话触动了赵总的心弦，他感慨地说："是啊，想做点什么不容易，想当初我还住过地下室呢。"

李明说："说到这一点，我还真是很佩服您啊。很想听听您的创业史，只可惜您很忙。"

李明的话引起了赵总的兴趣，他很少和别人讲自己的经历，而此时有了难得的聆听者，他也不愿意放过，于是说："我的经历说来话长啊。不过我今天没有安排，如果你感兴趣，我可以讲给你听听。"

李明说："万分荣幸。"

于是赵总仰身靠在自己的老板椅上，态度亲切地讲起了自己的经历。李明很认真地倾听着，并不时地给予赞赏表达自己的感慨。因为他们年纪相差不大，交流起来很融洽，很快就熟识起来。到中午的时候，赵总还拉着李明一起吃饭，并请他参观自己的公司。

虽然整个过程中，李明基本上没有提及推销保险的事情，但是他对赵总的事业表现出了极大的兴趣，并对他的创业经历给予了真诚的赞美和欣赏，因此很快就赢得了赵总的心。最后赵总不仅给自己买了保险，还为自己的女儿买了一份。

谈判之道

心理学中有一种叫作"强化规律"的心理效应，就是当人们把某些东西强调出来，不断地重复，就会造成很强的效果，激起很强的情感，或者留下很深刻的印象。而赞美就会制造这样的效果。适时地向对方传递你的赞美和钦佩之意，使对方感觉受到了你的重视和欣赏，这样就很容易捕获对方的心，使对方信赖你，倾心于你。李明之所以能够拿到订单，就是因为他给对方戴的高帽子"麻痹"了对方的心理防线，使其慢慢接受了他的建议。事实上，在谈判中，有经验的谈判者会不吝恭维和赞美，用甜言蜜语打动对方。

1. 强调利益点，说清楚对方的选择为什么是明智的

好听的话人人都喜欢听，在谈判中，好听的话固然可以愉悦耳朵，但只有利益才能愉悦人的心，使其快速决断。所以，在赞

美人的时候，谈判者一定要说清楚交易的哪些方面可以满足对方的需求，指出他的选择为什么是明智的。例如，买房子的初衷是房子的位置好，交通便利，孩子上学方便，你就可以先夸奖对方有眼光，然后告诉他这个房子周围有几条交通线、离孩子上学的地方有多近等与其他楼盘相比的优势。

2. 察言观色，对不同人选择不同的赞美方式

性格内敛、严谨、见多识广的人往往会对他人的话细细品味，所以比较喜欢不动声色但切中要害的赞美。如果谈判者动不动就对其夸张赞美一番，对方会觉得他是为了订单而说好听话。外向、思维跳跃的人往往不会静下心来去思考说者的话中之意，对于这样的人与其曲径通幽、语义含蓄，还不如直接赞美对方有眼光，然后指出产品的卖点。

3. 赞美后迅速切题

给人戴顶高帽子，可以使对方心生喜悦，但千万不要把话题扯远，让对方长时间沉迷于其中。有经验的谈判者会尽快地切入主题，以最快的速度促成交易，以免日久生变。

朱氏箴言

一个出色的谈判者一定不要把赞美他人当作拍马屁，因为那种虚伪的奉承不是发自内心的，而这种话很难引起他人的共鸣。所以，你一定要用心去发现对方的闪光点，然后给予适当的赞美，而且要点到为止，不要太过夸张。如果赞美过多，很容易激起对

方的膨胀心理，反而会造成反作用。

适时给对方一支"退烧针"，将谈判拉回正轨

　　谈判本就是利益的争夺，你来我往、唇枪舌剑。得失牵动人心，越是重要的谈判、牵扯越多利益，谈判者就越容易失去理性。一旦陷入非理性状态，谈判者就无法倾听别人的想法，无法做出理智的判断和思考，无法展开有效的谈判。此时，情感补偿就成为安抚对方的一个有效手段。谈判中，有经验的谈判者也常常会给予对方情感补偿，帮助对方平静下来，耐心倾听，更理性地思考自己的利益，从非理性状态中挣脱出来，向理想的结果靠拢。

　　情感补偿的形式多种多样，它可以是一个道歉，可以是几句安慰的话，可以是一个小小的让步、耐心地听一听对方的苦恼和烦闷、保全对方的面子，也可以是对对方的痛苦和感受表示尊重和理解、对对方的配合表示感谢。

情景再现

　　有一天，某家电服务中心来了一位男子。男子一进门就怒气冲冲地向服务台的工作人员投诉上周买的冰箱质量太差，要求退货。

　　面对情绪激动的客户，负责接待的林小姐没有急于询问原因，

而是把客户请到接待室，端来一杯热水，笑着对客户及时反映问题表示感谢，然后安慰对方不要着急，说有什么问题一定会得到解决，他们绝不会不负责任等。

面对满脸笑容的工作人员，客户不再盛气凌人，态度也渐渐地缓和了许多。原来客户上周买回家的冰箱才用了两天就停止运转，无论怎么按开关都无法制冷，放在冰箱里的很多食物因此变质了，所以要求退货。

面对客户的陈述，林小姐没有随意发话，而是与客户商量，先派人随其前往，检查一下冰箱，如果确实是冰箱质量有问题，保证给予调换或者退货。对这种合乎情理的安排，客户表示同意。

于是，维修师傅立即前往客户家，一番检查后才发现是客户家冰箱专用的电源开关保险丝容量过小，导致超过负载而熔断。重新换上大号的保险丝后，冰箱马上就运转正常。

客户这才意识到是自己的问题，马上向维修人员致谢，还特意打电话到服务中心向林小姐表示歉意。

谈判之道

面对不理智的客户，售后人员不是针锋相对地指责对方，而是安抚对方，待对方情绪后，再提出合情合理的要求。在谈判中，这样情绪激动的情形比比皆是。谈判中最忌讳的就是情绪化，它会让人失去理性分析的能力，无法专注于自己的需求。

这不仅影响买方，也影响卖方。甚至某些时候，没有恰当的情感补偿，没有高温情绪的"退烧针"，谈判就无法进行下去。所以，有经验的谈判者会适时地给对方一支"退烧针"，将谈判拉回正轨。

1. 让对方将不满发泄出来

就像我们往熊熊燃烧的炉火上洒水，反倒会被蒸腾的热气烫伤一样，面对情绪激动的对手，一开始就试图压制对方的情绪，也很容易引发反弹。所以，谈判者不妨让对方将不满等负面情绪发泄出来，再想办法去疏导。

2. 表达同理心

情感补偿最好的办法就是利用同理心关心体谅对方，尊重对方的感受，给予对方情感共鸣，让双方卸下防备的面具，如可以询问："对您的感受我非常理解，这种事情换作谁都会非常生气，那么您可以告诉我是怎么回事吗？"以此弄清楚对方因为什么而情绪激动，然后转移对方的注意力，直到找到并满足对方的情感需求，让对方恢复冷静。

3. 对对方的诉求给出相应的方案

如果必要，表达同理心之后，谈判者可以针对对方的诉求给出一定的解决方案，使对方在合理范围内得到恰当的利益补偿，这不仅能够缓和对方的情绪，也有助于建立起更加和谐的合作关系。

朱氏箴言

当对方说出自己的烦恼、苦闷、不满、愤怒之后，谈判者可以向对方坦诚地说出自己的顾虑，表示真诚的感谢，彻底安抚对方的情绪。

以子之矛攻子之盾，用对方的观点说服对方

很多谈判者总是以为自己的就是最好的，一味地宣扬自己的观点和主张。但很多情况下，受思维惯性的影响，人们并不是那么容易接受他人的观点，如果有人想要说服他们，他们就会悄无声息地筑起心防，甚至使双方的交流停滞，产生摩擦，导致矛盾。反之，如果他人有着和他们一样的观点，双方沟通起来就会非常融洽，甚至产生惺惺相惜的感觉。所以，在谈判中，当对方开始变得抗拒的时候，有经验的谈判者会换个角度，以对方的观点说服对方。

情景再现

卡耐基每年的第一个季度，都会在纽约讲授社交训练课程。卡耐基固定租用纽约一个大旅馆的大礼堂作为授课场所，为期大约20天。这一传统，已经持续了好多年。

　　然而有一次，他刚准备赴旅馆授课时，就收到了旅馆方面发来的通知。旅馆的老板告诉卡耐基，礼堂的租金有所变化，比之前的租金贵了3倍。

　　卡耐基为授课已经做好了所有准备，入场券早已发出，绝不可能临时取消。于是，卡耐基决定前往旅馆和经理交涉。

　　"我接到了租金涨价的通知，我很吃惊。但这也并不奇怪，如果我在你的位置上，为了更大的利益，我大概也会这样做。"卡耐基有条不紊地说。

　　"但我们来算一下，这样做你们究竟会不会有更多的盈利。"经理点点头。

　　"假如，你们的礼堂租给了别人，用来办舞会、晚会，那一定会比租给用来授课的获利多。因为这样的活动时间不长，他们能够一次性付很高的租金。比租给我，盈利要多。"卡耐基说。

　　"你现在租金涨了3倍，我肯定是要再找别家旅馆了。你这样相当于是把我赶走了。但你想想，我所举办的培训班，吸引来的都是中上层的管理人员。即便你花高价在报纸上登广告，也未必能邀请来这么多有头有脸的人物吧。但我的培训班能够为你吸引来。这难道不更吸引你们吗？"

　　卡耐基说完之后，给经理考虑时间，再让经理给出答复。当然，最后的结果是旅馆方面让了步，卡耐基的租金并未涨一分钱。

谈 判 之 道

在这里，卡耐基之所以能够取得成功，就是因为站在对方的主场分析利弊，让旅馆方面一下子明白了孰轻孰重，哪一点才是有利于旅馆发展的。从长远来看，当然是人脉的发展重于一时的利益。

因此，有经验的谈判者为了说服别人，得到对方的友谊，而不伤害感情或引起憎恨，往往十分诚实地从他人的观点去看事情与问题，然后"以子之矛，攻子之盾"。

1. 承认其合理诉求

如果对方的观点和主张是对其合理利益的合理诉求，谈判者应予以肯定和尊重，然后从对方的利益角度出发，找到合适的处理措施，在不伤害己方利益的前提下，尽可能地满足其诉求。

2. 故意曲解其错误主张

有时候，谈判对手所提出来的观点和主张不仅不合理，而且是错误的。在这种情况下，谈判者可以假装认可其观点，从对方的观点中引申出看似符合其逻辑但实际上一望而知的错误观点，从而让对方知难而退，不再纠缠。

3. 用好封闭式提问法

在用对方的观点说服对方的时候，谈判者可以恰当使用封闭式提问法，让对方一步步钻进己方布好的口袋中去。例如，询问对方"也就是说，在您看来，相对于质量，价格更重要，对吗?"

"您也想提高公司的生产效率，对吗?"这种提问方法的好处就是，看上去是在征求对方的意见，但实际上，提问者早已经限定了答案的范围：是与不是。不仅如此，提问者事先已经清楚地把握了对方的需求和潜在意图，设置问题的时候已经将问题的答案指向有利于己方的方向。所以，不管最后对方怎样回答，结果都会利于己方。

4. 找准攻击点

在使用这种策略的时候，谈判者一定要仔细倾听对方的每一句话，找出对方发言中的关键点，然后再予以精准的"攻击"，方能奏效。千万不要还没弄明白对方的观点是什么，就急于行动。

朱氏箴言

用对方的观点说服对方的时候，谈判者可以先确认对方的观点："您是说……"得到对方的回复后，就可以顺着对方的话往下推理："这样的话，您就可以……最终的结果将会是……"最后用错误的观点询问对方："我认为，这就是您想要达到的结果，对吗?"

站在对方立场看问题，谈判将变得轻而易举

每个人都是独立的个体，处于不同的环境和立场，其想法和

感受都不能被替代。与其绞尽脑汁地战胜对方，不如换位思考，站在别人的立场上看待问题、审视自己和整个事件，从而能够真正地了解对方的具体情况。美国"汽车大王"福特曾说过："倘若说成功有秘诀的话，那就是站在对方立场上认识和思考问题。"事实上，有经验的谈判者不仅会设身处地，将心比心，还会在言谈中将这种想法传达给客户，告诉对方"如果我是你，我会……"

情 景 再 现

一位妻子想要说服自己的丈夫购买一楼的房子，因为她喜欢一楼房子后面的小花园。但丈夫不同意，认为一楼蚊虫太多，而且太吵，他想要另一栋楼里的 28 楼的房子。妻子没有和丈夫争吵。她想了想问："亲爱的，买了房子后，你打算怎么布置自己的家呢？"

丈夫对此早就有了计划："当然是布置一个书房，客厅要放一整套的家庭影院，再在阳台上种一排花……"

听完丈夫的构想，妻子笑着说："你的想法真不错。不过，亲爱的，如果我是你，我就买一楼的房子。要放家庭影院就要有个大客厅，可是这个 28 楼的房子客厅大小了，恐怕只能放个 50 寸的电视。说到在阳台上种花，似乎光线、通风都不是很好，可是，如果我们住一楼，就可以在窗外的小花园里随心所欲地种花种菜。你不是喜欢玫瑰吗？这种花成片地种在花园里，真是太漂亮了。我们还可以在花园里放两张藤椅，阳光好的时候泡一壶茶……你觉得呢?"

丈夫听了很心动，考虑了一段时间，又经过反复考察，最终决定购买一楼的房子。

谈 判 之 道

这位妻子之所以可以成功地说服丈夫，就是因为运用了将心比心术。她站在对方的立场上替对方谋划和考虑，了解其心理和需求，使其产生认同感，因此很快就达到了目的，使事情向着符合自己心意的方向发展。

杰克·韦尔奇说过:"为他人着想就是强大自己，帮助别人也就是在帮助自己，别人所得到的并不是你所失去的。"为对方着想，你并不会损失什么，甚至还会获得更多。

也许有很多人会这么认为:谈判的结果只要满足自己的利益、实现自己的需求就可以了，根本不用管对方想要什么，或是最终获得了什么。但是，或许当你在为占了大便宜而沾沾自喜的时候，获得更大利益的机会已经离你越来越远。

要知道，谈判的最佳结果并非一方独自获得胜利，而是双方都能得到满足。只有换一个立场，仔细审视对方的需求，我们才能够真正地将问题解决，这样不仅会取得谈判的成功，更让你在其他时候多了一个真正的朋友、一个共同抵御风险的伙伴。

1. 预测对手

换位思考的关键在于不仅要站在对方的角度去预料对方可能

会采取什么策略，也要预测对方实际上会采取什么行动，了解对方知道的和不知道的信息，将对方的目标而不是我们所希望的目标当成自己的目标，并在此基础上制定相应的应对策略。谈判者应在谈判前就将这点纳入谈判方案的范围内。

2. 从不同的角度思考同一个问题

面对对方的问题或者自己在谈判中遇到的变故，谈判者要能够刨除既定的方案和角度，从其他角度去思考问题，以求找到更多的解决方法或更好的解决方法。要知道，世间事多数没有唯一的标准答案，换个角度思考往往能够得出很多不同的答案。

3. 假若我是您

在预测完对手的情况和换角度思考之后，谈判者就要将所得出的结论用假设的方式告诉对方。"如果我是您，我……"这种富有代入感的表达方式可以让对方知道，你不仅考虑自己的业绩，也在为他的利益考虑。

朱氏箴言

站在对方的立场看待问题，必须要做到三点：认真听取和判断对方的意见和诉求，了解对方的观点和想法；承认并认可对方的观点，理解对方的心情，相信对方的谈判实力和地位；对对方的想法表示赞同。做到这三点，谈判将会变得得心应手。

适当激将，让对方做出有利于己方的决定

俗语说："树怕剥皮，人怕激气。"有时候恭维的话听多了，人们的心理上也会有一定的免疫力，这时可以反向地刺激他。激将法如果运用得当，也能达到曲径通幽的谈判效果。比如，可以这样问："我想您一定是没有什么办法了吧？""您不去做，是因为您不敢吧？"对方可能会想："谁说我没有其他办法了，我偏要找到一个办法给你看。""谁说我不敢？我敢一次给你瞧瞧！"这样，我们就可以达到目的了。

情景再现

杭州 A 电子厂曾进口一整套现代化生产设备，但由于原料和技术力量跟不上，设备白白搁置了 3 年无法投入使用。后来，新任厂长决定将其转让给异地的 B 电子厂。

在正式谈判之前，A 电子厂厂长了解到对方的两个重要情况：一是该厂经济实力雄厚，但资金基本上都投入到再生产中，如果马上拿出几百万元添置设备，困难应该很大；二是该厂厂长年轻气盛、自负好胜，几乎在任何情况下都不甘示弱，甚至常以拿破仑自喻，不相信自己有什么办不到的事情。

对 B 厂有了深入了解之后，A 电子厂厂长决定亲自与 B 电子

厂厂长进行谈判。

A厂厂长："经过这两天的深入交流，我详细了解了贵厂的生产情况，你们的经营管理水平确实使我肃然起敬。您年轻有为，能力非凡，有胆识，有魄力，着实令我由衷地钦佩。可以这样断言，贵厂在您的领导下，在不久的将来会成为中国电子行业的一颗明星。"

B厂厂长："老兄过奖了！我作为一厂之长，年轻无知，希望能得到您的赐教。"

A厂厂长："我向来不会奉承人，只会实事求是。贵厂今天办得好，我就说好；明天办得不好，我就说不好。昨天，我的助理打来电话，总厂有个棘手的事情等着我，催我两天内必须返回。关于咱们洽谈的设备转让问题，在贵厂转了一天后，我的想法又有所改变了。"

B厂厂长："有何高见？"

A厂厂长："谈不上高见，只是有些顾虑。第一，我怀疑贵厂是否真有经济实力能在一两天之内拿出这么多的资金；第二，我怀疑贵厂是否有或者说是否能招聘到管理操作这套设备的技术力量。所以，我现在不像原先那样乐观，确信将设备转让给你们后，能使贵厂三年内效益翻番。"

B厂厂长听了这些话十分不满，认为自己受到了对方的轻视，于是不无炫耀地向A厂厂长介绍了自己的经济实力与技术力量，表明自己完全有能力购买和管理这套新设备。

就这样，B厂厂长为了急于证明自己所说的话，展示自己的大厂厂长的风度，很快就答应了A厂300万元的报价，并当即拟定了协议，双方顺利签约，握手共庆。就这样，A厂厂长成功地将"休养"了3年的设备转让给了B厂。

谈 判 之 道

使用激将法时要注意以下几点。

1. 根据情势灵活使用

激将法非常灵活，有经验的谈判者会根据当时的情势做出正确的判断。比如，对自尊心非常强、好胜心强、喜好表现自己的对手，可以使用"直激法"，面对面、直截了当地刺激对方，以达到使他"跳起来"的目的；对于不够成熟、缺乏谈判经验的对手，可以使用"暗激法"，有意识地褒扬第三方，暗中贬低对方，激发他产生压倒、超过第三方的欲望。

2. 掌握火候，不要攻击隐私和缺陷

运用激将法时，要尊重对方的人格尊严，不要攻击对方的隐私和生理缺陷。同时要掌握好刺激的火候，以免火候太过，造成对方的心理压力，诱发出逆反心理，使其一味固守其本来的立场、观点；或者火候不够，语言不疼不痒，激发不起对方的情感波动。

3. 激将法不宜太明显

倘若激将法太过明显，让对方一望便知你是在使用激将法，就很可能会劳而无功，甚至给对方留下把柄。所以，谈判者要尽可能地将自己的攻击隐藏起来，不动声色地刺激对方。

4. 用语言而不是用态度

激将的话要用和气友善的语气说出来，千万不要冷笑、阴阳怪气。要知道，激将只是用言辞去激发出对方潜意识里的不服输的心态，而不是要真正地惹怒对方，若态度蛮横，就不会达到激将的目的，只会使谈判就此陷入僵局。

5. 夸大事情的难度

使用激将法时要能够刻意夸大事情的难度。一般来说，解决的事情越有难度，就越容易激发人们的成就感。所以，谈判者不妨多多表明事情难度系数，说："这件事情非常难办，我实在没有办法，只好来找您。"

朱氏箴言

人人都有自尊心、虚荣心，都希望得到别人的认同，都希望自己是"唯一的""特别的"，都想成为重要人物。再没有雄心、再谦逊的人也无法抗拒"唯有你能"等语言的诱惑。所以，谈判者可以抬高对方的地位，放大对方的作用："我想来想去，实在想不到还有其他人可以做到……"这种"非他莫属"的感觉能够很好地激发出对方的斗志。

学会转换思维，使客户的逆反心理为我所用

谈判中，经常可以见到这样几类人：不管对方怎样介绍和劝说，他就是不给予回应，也不明确表态；不管对方说什么，他都会说"我知道"，好像他什么都知道，不用谈判员再介绍，但事实上他对产品很可能一知半解；也有些时候他会坚决拒绝，但说不出自己为什么不喜欢，即使能说出一点原因，也不过是他的借口。一般而言，这类人逆反心理强烈，往往恃才傲物，自以为无所不知、无所不晓、无所不能。他们觉得自己任何时候都应该是众人中的明星，应该得到格外的关注和尊重，一旦受到冷遇就会愤怒。

情景再现

某企业的生产机器已经用了很多年，需要更新换代。许多生产商得知这情况后纷纷前来销售机器，使这个公司的采购部经理很不耐烦。只要生产商销售人员来找他，他就会想："这些人又来了，我绝不会买他们的机器！"

这些人为了销售自己的机器，不是说"你们公司的这些机器早已破旧不堪，再用下去会出问题的"，就是说"你们维修这些机器的费用都能用来换一批新的了"。听了这些话，采购部经理心里很不舒服，心想要是再来个强行向他销售机器的，就将其直接

赶出去。

某一天，又来了一名销售人员，可这个人却与众不同，他一看该企业的生产机器就说："你们这些机器起码还可以再用一年半载，要是现在就换的话也太可惜了，我看还是过一阵子再说吧！"说着递了张名片给采购部经理便告辞了。听他这么一说，采购部经理的抵触情绪消失了一大半。

不久，采购部经理就给最后这个销售人员打电话，从他那里订购了一批全新的生产机器。

谈判之道

在这个案例中，最后这个销售人员其实就利用了逆反心理，采取了与其他销售人员完全相反的做法，最终出奇制胜。这样不仅消除了采购部经理对销售人员的抵触情绪，同时还引起了采购部经理"你不卖我偏买"的逆反心理。可见，合理地利用逆反心理对谈判来讲不完全是阻碍，有时还是成功的契机。

在和逆反心理强的对手打交道的时候，你可以表现出一种客气而对是否成交漠不关心的神情，就好像你根本不在意这件事一样，故意形成"卖方市场"。这样他们就会非常想知道你为什么这么漠视他们，然后对你和你的产品产生好奇和兴趣，最后购买你的产品。

1. 了解对方

想要利用好逆反心理，前提是必须要了解对方，知道对方对什么敏感，在乎什么、需要什么、缺少什么，然后才能对症下药、顺水推舟，否则很可能伤了对方的自尊，自断退路，根本无益于谈判的成功。

2. 立场转换说反话

所谓"立场转换说反话"，是指假设自己是客户，想象客户会给出的答案，然后提出相反的问题。比如，你想说服客户接受预付20%的款项，而客户实际上不想付这么多，你可以说："预付款20%是不是有点少？"逆反心理会让他回答不少。你想让客户下午就签合同，而客户必然会觉得太快，你说："这样签合同是不是太快了？"逆反心理会让他回答不快。在这样的情况下，对方给出的往往是谈判者想要的答案。

3. 多问少说

一般而言，谈判者发言的时候通常都会有一个非常明确的观点或立场，这样就会导致一个结果——简单的陈述很容易激发逆反心理。比如，你说"这种产品的技术支持在整个中国都是最完善、最先进的"，在逆反心理的驱使下，尤其是在双方观点不一致的情况下，对方很容易就产生反驳的欲望。因此，说得越多，被反驳的机会就越多，倒不如闭上嘴巴，竖起耳朵，少说、多问、多听。在听的过程中，你就更有可能抓住对方的要害。

4. 设定合理的目标

利用逆反心理时应该设定一个合理的目标。谈判者可以将大目标分解成一个个短期内就可以实现的小目标，然后通过一个个小目标的达成使对方一点点地接受己方的建议，最终实现大目标，从而得到质的飞跃。否则，一下子抛出大目标，很容易将对方刺激过度，引起反感心理。

5. 避免使用极端语言

使对方逆反是为了达成协议，而不是制造对立。谈判者无论何时何地都必须尊重对方的人格和习惯，不能单纯为了利用逆反心理就说一些极端的话语或者做出极端的行为而激怒对方。

朱 氏 箴 言

对关键信息，谈判者可以说一半留一半，以便调动起对方的好奇心，如"我听有人说您……""我得到了一些关于您的竞争对手××的消息"。尤其是对于好奇心强的对手来说，这种方法只要被使用，就有效果。这是因为人们没有办法既好奇又逆反，一旦产生好奇心，逆反心理自然就会弱下去。

善于进行情感投资，用真诚打开对方的心门

在谈判中，最难攻克的就是对方的心防。因此，要想推动谈判的进行，首先要打开对方的心门。在这方面，以情动人是很重要的方法。

美国推销大王乔·坎多尔福曾说过："推销工作98%是感情工作，2%是对产品的了解。""如果你真心地爱你的客户，那么他也会真心爱你，爱你卖的产品。"其实，谈判也是这样。有经验的谈判者会与客户用心对话，将客户的"我需要"变为"我想要"，把握情感的切入点与燃点，从而大大缩短谈判所花费的时间、降低谈判难度，提高成交率。

情景再现

"空中客车"飞机职员贝尔纳·勒狄埃有一次到印度开展工作。接待他的是印度航空公司决策人拉尔将军。当他打电话给将军时，对方显得十分冷淡，勉强答应给他10分钟的会面时间。虽然情况看起来不容乐观，但勒狄埃决心用这难得的10分钟来扭转危机。他说："将军阁下，我衷心地向你表示谢意。因为你使我得到了一个十分幸运的机会，让我在自己生日这天，又回到自己的出生地。"

"噢？你也出生在印度吗？"将军半信半疑地问道。

"是啊！"勒狄埃借机打开了话匣子，"1929年3月4号，我出生在贵国名城加尔各答。当时我的父亲是法国密歇尔公司驻印度的代表，我们全家得到了好客的印度人民特殊的照顾。在我3岁过生日时，邻居一位印度大妈送给我一件可爱的小玩具，我和印度小朋友一起乘坐在象背上，度过了我一生中最幸福的一天。"

10分钟早就超过了，但将军被勒狄埃绘声绘色的讲述吸引住了，一点也不想结束谈话，反而提出邀请："你能来印度过生日太好了，今天我想请你共进午餐，表示对你生日的祝贺。"

在汽车驶向餐厅的途中，勒狄埃打开公文包，取出一张颜色已经泛黄的合影，双手捧着，恭恭敬敬地展示在将军面前。

"这不是圣雄甘地吗？"将军惊讶地问。

"是呀！你再仔细瞧瞧左边的那个小男孩，那就是我。4岁时，我和父母在回国途中，曾经十分幸运地和圣雄甘地乘同一艘轮船。这张合影就是那次在船上拍的，我父亲一直把它作为最宝贵的礼物珍藏着。这次我要去拜谒圣雄甘地的陵墓。"

"我代表印度人民感谢你对圣雄甘地和印度人民的友好感情。"将军紧紧握住了勒狄埃的手。

午餐在轻松融洽的气氛中进行着，当勒狄埃告别将军时，这笔本来希望渺茫的大买卖成交了。

谈 判 之 道

谈判其实就是谈判双方之间的一场社会交际。从陌生到相识，从抗拒到接受，从怀疑到信任。很多时候，建立情感的共鸣是谈判成功的关键，以情动人可以说是所有谈判方式中最得人心的方式，它可以使双方达成一致的意见，从而取得谈判的最后胜利。

无数的事实证明，与理性的讲道理相比，感性的"情"更能够打动对方，使其在不知不觉中转变观念，接受他人的观点。有经验的谈判者要善于进行情感投资，用真诚打开对方的心门，让对方得到应有的尊重和关心。

1. 心平气和，真诚赞赏

要做到以情动人，有经验的谈判者要在沟通中保持情绪的平稳，尽可能心平气和地倾听对方的发言、处理对方的质疑，始终与客户的情绪保持同频，对方快乐自己也快乐，对方难过的时候也要表现出同情、关怀和善意。同时抓住机会给予对方真诚的赞赏，引发对方心中乐意与其相处的渴望。

2. 多引用令人感动的事情

那些让人一听就觉得感动的事情，那些发自内心的情感，会轻而易举地使对方产生共鸣感。而且，无法否认的是，在沟通中，语言中的情绪越热烈，感情越浓厚，就越容易打动人。因此，有经验的谈判者在说服对方的时候，会有意识地用声情并茂的方式讲述那些令人感动的事迹，无形中打动面前的听众。

3. 开诚布公

在不影响谈判大局和自身根本利益的前提下，有经验的谈判者会尽量做到开诚布公，将己方所掌握的资料和面临的情况恰当地告知对方，同时客观地分析对方的利弊得失，以真诚打动对方。

朱 氏 箴 言

谈判者可以将对方拖延谈判或者错过合作会付出的时间和成本一一列举出来，如"考虑当然是应该的，不过这几天房价一直在涨，过了今天，就不是这个价格了……"给对方制造一种危机感，促使其重新考虑要不要合作。

制造良好的气氛，旁敲侧击了解对方的底细

一般来说，在谈判中，谈判双方都面临着双重压力。一方面自己必须摆出一副强硬的姿态向对方示威，另一方面又必须在双方都认为合理的条件下同对方达成一致，以至于双方都高度紧张，不断地试探、进攻、防守，用尽各种手段了解对方的底细，压制对方，争取局势向有利于自己的方向发展。有经验的谈判者会用旁敲侧击的方式在轻松的气氛中把信息传达给对方，同时也在对方放松的情况下了解其真实意图。

情 景 再 现

一家家用电器经销商向厂方订购货物，为了实现成本最小化，用各种方式压低价格。他提出了几种不同的家用电器，不断询问这些家用电器的价格。厂方谈判人员一时搞不清楚对方的真实意图，因为经销商这样问，给人的感觉既像是在打听行情，又像是在谈交易条件；既像是个大买主，又不敢肯定。面对经销商的询问，厂方谈判人员心里很矛盾。如果据实回答，而对方果真只是来摸自己的底，自己就会很被动；但是自己如果敷衍应付，就有可能会错过一笔好买卖，而且说不定对方是位可以长期合作的伙伴。

在拿不定主意的情况下，厂方谈判人员决定刺激一下对方，使其暴露真实意图。他说："我们的产品是货真价实的，就怕你一味贪图便宜。我们都知道，商界中奉行着这样的准则：'一分价钱一分货''便宜无好货。'"这个回答的妙处在于，只要经销商一接话，厂方就会很容易把握对方的实际情况，如果经销商在乎货的质量，不怕出高价，回答时的口气也就坚定从容一些；如果经销商在乎货源的紧俏，就会急于成交，口气也就显得较为迫切。在此基础上，厂方谈判人员迅速找出适合的谈判策略，并最终顺利赢得了胜利。

谈判之道

在非正式的交谈中，双方可以无拘无束地谈各种大家都感兴趣的话题，谈家庭、谈社会、谈人生，以引起共鸣，增进彼此的感情。此时，如果趁机提出一些有关谈判的话题，对方倘若接受，则能加快谈判的进程；如果不能接受，也不会出现尴尬的局面，更不会引起谈判的破裂。

由此可见，旁敲侧击确实能起到迂回婉转、步步为营的作用。旁敲侧击的具体做法很多，但最关键的一点是要营造良好的氛围，使双方感到自在、轻松、温暖、亲切，并在这样一种令人满意的气氛中提出一些条件和要求，加快问题的解决。

1. 主动抛出话题

在谈判的过程中，很多人为了能够及时获得对方的情报，常常主动抛出一些带有挑衅性的话题，刺激对方表态，然后根据对方的反应判断虚实。事实证明，这确实是非常实用的方法。

2. 绕圈子摸情况

谈判是一场你进我退、你退我进的心理战。在这个过程中，很多情况对方是不会直接告诉你的。这时你就要学会绕圈子，以巧妙的方法探得对方的底牌。在主客场谈判中，有些谈判高手为了探得对方的时限，就会极力表现出自己的热情好客，除将对方的生活安排得十分周到外，还盛情邀请对方游山玩水，等到对方放松了警惕而感到十分惬意之时，再提出帮订购返程机票或车船票。这时对方往往会随口就将自己的返程日期告诉己方，让己方掌握更多的主动权。

3. 故意出错，诱"敌"深入

出错并不是什么大跌颜面的事。在谈判中，很多人为了能够让对手和自己达成协议，会通过故意出错来探知对方的虚实。他们常常有意犯一些错误，如念错字、用错词语，或把价格报错等，诱导对方表态，然后借题发挥，最后达到目的。

朱氏箴言

在探听虚实时，谈判者也可以采用"我听说……"这样的句式，将对方的某个关键信息用错误的方式表达出来，让对方产生纠正的欲望，从而间接透露出更多的信息。

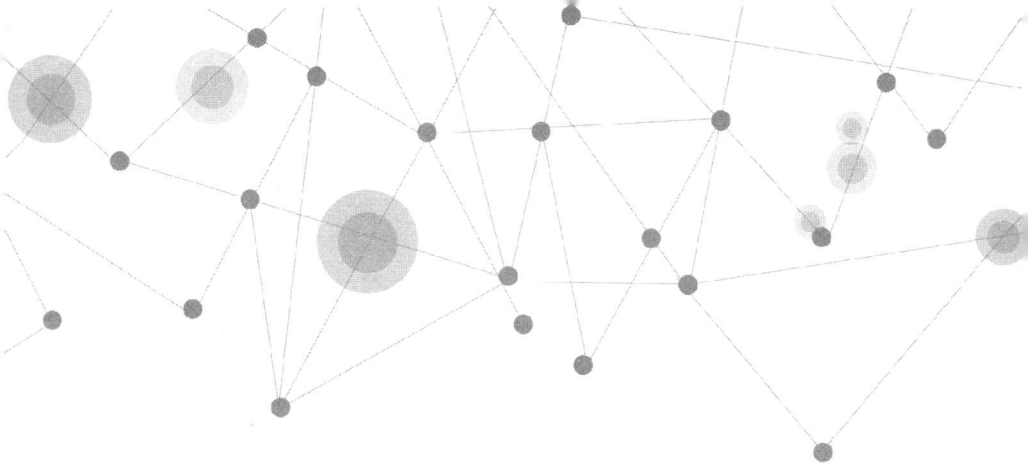

第六章 施加压力制造紧迫感，从气势上压制对手

谈判就是一场博弈，是心与心的较量。在谈判中要进退有度，当自己的让步收效甚微时，就要通过向对方施压的方式获得主动权，巧妙地逼迫对手，让对方按照自己设定的条件给予我们想要的东西。

让子弹飞一会儿，运用疲劳战术发起反攻

有些谈判者在谈判刚开始时就咄咄逼人，气势汹汹，为了表现出一副先声夺人、居高临下的傲慢姿态，他们会用各种各样的方式，目的是想一上来就展示出自己的气势和实力，使自己占据主动优势，让对方处于被动地位，从而迫使对方接受不合理的条件。其实，有道是"一动不如一静"，一味地硬碰硬有百弊而无一利，在这种情况下比较好的办法是制定一个超负荷的谈判日程，令对方感到筋疲力尽，把他们的精力和气势消耗掉。等对手疲惫不堪、头晕眼花的时候，就可以反守为攻，促使对方接受我方的条件。

情景再现

某地有一位经销商代理了山东金玖生物科技有限公司一款产品，是当地最大的一个销售渠道，但该公司仗着自己的客户多，产品质量过硬，所以态度十分强硬，在价格问题上寸步不让。经销商对该公司提出的价格很不满，决定按兵不动，双方的谈判就这样僵持着。

随后，经销商在做了一番准备后再次提出了谈判的要求，该公司始终认为自己一定能够在谈判中获胜，便不假思索地同意了。

本轮的谈判刚开始时，山东金玖生物科技有限公司代表就没把经销商放在眼里。他们主动报盘，陈述情况，来势汹汹，从上午8点滔滔不绝地一直讲到中午11点，配合着一些数字图表和晦涩难懂的图像投影，想以此证明他们的价格是合理的。

介绍完毕，对方微微一笑，踌躇满志地看着经销商，傲慢地问道："我们的产品已经介绍完了，你觉得怎么样？"

在公司代表刚才的介绍过程中，经销商代表始终平静地坐在沙发椅上，一言不发。听到公司代表的提问，他很平静地回答："很遗憾，你们的介绍我不明白。"

话音刚落，该公司代表大惊失色地问："你到底有哪些地方不明白，我可以为你解释。"

经销商还是微笑着说："您刚才介绍的内容我全都不明白。"

听完这话，这位公司代表就好像是一个泄了气的皮球，垂头丧气地一下子坐到沙发上，无力地问道："请问这到底是怎么回事？"

经销商满脸堆笑，但始终笑而不答，只是安静地看着对方。

双方一直僵持到了中午12点，你来我往、互不相让地进行着拉锯战。

到了12点半，双方的人员都已经饥肠辘辘了，胡乱吃了点东西。

下午1点，谈判重新开始，可是由于双方互不相让，所以一直到了晚上8点，再次不欢而散。

第二天早上 8 点，谈判继续，双方将前一天的谈判过程又重复了一次。一直持续到下午 6 点，双方人员都精疲力竭，经销商依然强打精神，然而山东金玖生物科技有限公司代表显然已经坚持不住了，他们无精打采地瘫坐在椅子上，敲打着桌子上的文件，经过一番斟酌，他们终于答应让步："好吧，这次就给你们一点优惠吧。"

最后，经销商终于赢得了这场谈判，获得了满意的价格，达成了协议。

谈 判 之 道

在以上这个故事里，经销商后发制人，通过一段长时间而紧凑的谈判，使用疲劳战术，消耗对手的体力，令其锐气尽失，最后取得了谈判的胜利。这则事例告诉我们，在谈判的过程中，如果对方表现得比较强势，虽然有成交意愿，但又不肯让步的时候，可以制造一点疲劳感来消耗对方的精力，让他们尽情表演。等到对方气势衰竭，这时你就可以不慌不忙地发起反击，一举战胜对手。此外，你还可以选择一个对自己有利的谈判时间，然后聊一些与谈判无关且可以引起对方兴趣的话题，这样做既可以考验对方的耐性，也可以去除对方的防备之心。

在中东，有许多企业家经常使用这种方法。在白天天气炎热的时候，他们往往会邀请对方到处吃喝玩乐，到了晚上则请他们欣赏歌舞表演，就这么一直折腾到深更半夜。在一整天的奔波之下，对方被弄得筋疲力尽、疲惫不堪，只想洗个热水澡、舒舒服服地躺在床上。就在这个时候，一整天都不见踪影的谈判代表不失时机地出现了，他们精神饱满、神采奕奕，做好了各项充分的准备，立即跟对方展开谈判。对方此时只得强打精神，可是一个个的思路却明显迟钝了许多，而这些有备而来的谈判代表们却思维敏捷、言辞犀利、判断精准，往往直击要害，迫使对方不得不做出让步。

在实际的谈判中，有时候运用疲劳战术可以帮助自己顺利达到目的。曾经有一位美国石油商在谈到沙特阿拉伯石油大亨亚马尼的谈判战术时是这样说的："他最厉害的一招是可以保持心平气和地把一个问题不断地重复许多遍，直到最后把对手拖垮，甚至连自己的祖奶奶都不得不拱手相让。"因此，如果在谈判时，你发现对方的耐心不够，只要陷入疲劳的状态后就无法理智思考，那么此时运用疲劳战术会取得良好的效果，你完全可以以逸待劳、平心静气地等对方主动"露出马脚"。

1. 不要在对方的地盘里谈判

要打好疲劳战，前提是要把主动权牢牢地掌握在自己的手中。谈判者要尽可能选择把谈判场地设置在自己的地盘里，如果必须到其他的地方谈判，那么应该尽量选择一个中立的场所，这样才能最大限度地限制对方主场谈判的优势。这样，一方面可以避免由于旅途的劳累和环境的不适应而影响自己谈判的状态，在己方的主场以逸待劳，就能以最好的状态进行谈判交锋，而另一方面也能够让自己随时根据谈判进程，对日程和场地等做出适当的调整。

2. 做好充分的准备

正所谓"有备无患"，实际上对谈判的双方来说，疲劳战术都是一种对精力和智力的考验。因此无论谈判的地点在哪里，如果要想让它发挥最好的效果，谈判者都要事先做好充分的准备，例如预先订好房间，保证己方人员充足的休息；做好通信措施，确保团队的内部成员之间可以随时进行有效的沟通交流；事先要熟悉谈判场地的环境，以免突然到一个完全陌生的环境时手足无措；详细制定相应的战略战术，这样才能有效地击退对方的进攻，争取更大的成功。

3. 在对方疲倦时发招

使用疲劳战的诀窍在于使对方感到身心疲惫。因此，选择发招的时机也十分重要。谈判者可以制造出谈判日程紧张的状态，选择在对方睡觉和就餐等时间重开谈判。这是因为在处于困倦和饥饿的状态时，人们的思考能力和自控能力等都很容易松懈下来。

朱氏箴言

在实施疲劳战术的时候，可以用旅游、观光等做幌子，以此来压缩谈判时间，然后把谈判时间安排在对方感到疲劳的时候；还可以人为将谈判日程安排得紧凑一些，以此来消耗对方的精力。然而，无论采用哪种方法，在实施的时候必须要做到不露形迹，不能让人一眼就猜透了你的用意。

把对方的意志和决心拖垮，使其做出让步

　　谈判就如同一场马拉松，由于双方各自的利益和需求点不一样，所以为了实现各自的目标，为己方争取更大的利益，双方都想从对方那里索取更多，因此，谈判的双方难免会出现一些分歧、矛盾和冲突，谈判的气氛也会越来越紧张，不断产生拉锯和僵持等状况，谈判成功似乎遥遥无期。当一场谈判被拖了很长时间以后，对方就不再会过多地考虑结果，而会希望尽快结束这场谈判。

　　所谓拖延战术，指的就是以消耗对方耐心和耐力为目的的战术，即以重复的行为和慢节奏来消耗谈判时间，造成谈判的低时效，以迫使时间宝贵的对方尽快做出让步。这种战术的应用本质上就是双方之间的意志战，只有耐心坚持到最后的，才是胜利的一方。

情景再现

　　南方某公司投入了大量的人力物力，研发出一条比当前同类产品更先进的新生产线。该生产线可以大幅提升生产效率，可是还需要一段时间的运作，才能把它推向市场。然而，由于公司经营不善，已经濒临破产。公司要想起死回生，就必须立即将该生

产线投入使用，获得市场的认可。

正在这个紧要关头，一则好消息为公司带来了一线希望。北方有家公司看中了这条生产线的巨大优势，派人乘坐专机，专程赶来洽谈购买的事宜。他们看上去诚意满满，洽谈刚一开始，他们就不断地提问，详细了解了生产线的各项情况。然而他们开出的价格却低得离谱，甚至连成本都不够了，南方公司的代表对此很不满。当会谈进行到 20 分钟的时候，南方公司的代表互相对视了几眼后，站起来说道："谢谢各位，今天我们就先谈到这里吧！"随即他们迅速离开了会场，收购方的公司代表措手不及，目瞪口呆。到了下午，双方重启谈判，却依然未能达成协议。在谈判进行到 30 分钟的时候，南方公司的人员起身，结束了谈判。

第二天，北方公司的人提出重新开始谈判。这次，他们开始松口，主动提出价格可以商量。最终，这家南方公司以高价出售了这条生产线的专属权。

谈判之道

在以上的案例中，南方公司一开始在这场谈判中的地位是十分被动的，因为他们急于卖出这条生产线使公司起死回生。北方公司完全可以利用这一点迫使南方公司接受一个较低的价格，然而他们未能抓住这一有利条件。反之，南方公司则根据对方专程从外地乘坐飞机赶来的行为，认定对方一定是志在必得，因为该生产线确实可以令生产效率大幅提高，增加公司的利润。于是南方公司采用了拖延战术，进行了两次谈判，并两次压缩时间，却始终没有给出实质性的结果。这种做法看似冒险，可却能够有效地消磨对方的意志，令其不得不做出让步，借此抬高价格。

同样，在谈判中有经验的谈判者一旦发现对方的性格比较急躁，或是由于时间关系而希望速战速决，并且达成交易的愿望十分迫切的话，就会故意拖拖拉拉，不紧不慢，摆出一副漫不经心、满不在乎的姿态，以此来消耗对方的时间和精力，逐步将对方的意志和决心拖垮，直到对方主动让步。

1. 沉默拖延

在谈判时，如果对方急于求成，而己方并不满意对方开出的条件，这时有经验的谈判者往往使用沉默的方法来拖延时间。因为不管对哪一方而言，沉默都是一场极大的耐力考验，也是一种有效的施压手段。己方沉默的时间越长，就会给对方造成越强的压力。无休止的僵持令对方开始害怕和担心，或者渐渐失去再僵持下去的耐心时，他们可能已经开始打算做一些调整和让步了，以便让谈判继续进行下去。

2. 用职位较低的人去消磨对方的精力

在团队谈判中，谈判者可以先让一个职权较低、没有最终决策权的谈判者去打头阵，在非核心问题上与对方反复协商。即使是需要做出一些让步，也要让对方为此付出大量的精力。此时，再让己方的权威谈判者出场，提出一些较为缓和的条件。在这种局面下，对方的耐力和精力都已经被严重透支，这时只要提的条件不是太苛刻，通常对方都会爽快地答应。

3. 将日程拉长

对于那些急性子或是时间较为紧迫的对手，谈判者可以在对方的接受范围内尽可能地把谈判日程拉长，能够三次解决的问题，绝不一次解决；能够在一个星期结束的谈判，绝不在两天时间内就谈完。换句话说，把谈判节奏放慢，一点点地让对方的耐心消失殆尽。

4. 拿出自己的诚意

记住，使用拖延计的最终目的是达成协议，实现合作，而不是纯粹为了浪费时间，那样就失去意义了。因此，如果谈判的时间已经很长，对方也已经表露出再不结束就会放弃的迹象，谈判者此时就需要拿出自己的诚意，在一些无关紧要的问题上做出一些小小的让步，并且要明确告知对方："你看，我们已经谈了这么长的时间了，再谈下去也是无谓地浪费大家的时间。这样吧，我们愿意……如果你们同意，我们现在就签约。"

朱氏箴言

拖延战术并不是消极应对，而是一种以退为进的主动出击。有经验的谈判者在使用拖字诀的时候，也会在每一轮谈判中，适时地在关键时刻抛出一两个有利于己方而不利于对方的消息，以此给对方一个出其不意的攻击，又打又推地迫使对方做出让步。

扮"红白脸"软硬兼施，动摇对方心理防线

　　所谓红白脸策略，是指在谈判时，团队的成员里一个唱红脸，一个唱白脸，一个先提出高要求，然后态度十分坚决地执行这一目标，寸步不让，不给对手任何缓和的余地；另一个则表现出较为温和的态度，在双方之间协调，充当润滑剂，尽可能地寻求解决问题的方法，在不损伤己方利益的前提下，建议适当地满足对方提出的要求。尽管"红白脸"的态度有天壤之别，但彼此却配合紧密，会给对方带来不同的感受。在这种强烈的对比之下，对手更容易接受"红脸"的建议，也就能令谈判朝着对己方有利的趋势发展。

情景再现

　　林宏和刘伟是同事，隶属于同一个部门，两人都负责销售工作。这家公司采取的考核措施是末位淘汰制，而业绩最好的员工则会成为全公司的销售明星。在很多人看来，林宏和刘伟两人平常在工作中一定会相互激烈竞争，互不相让，然而事实并非如此，他们两人在工作上一直紧密合作，和谐相处，甚至同进同出，还经常一起出去谈单。原来，这两人的合作方式是这样的：在和对手谈判的时候，林宏常常先出面，他提的要求总是很苛刻，总能

让对方惊慌失措、一筹莫展。就在对方感到灰心丧气的时候，刘伟才出面接手，提出一个较为缓和的折中方案，这个方案的实施结果往往就是二人想要的结果。对方在无奈的情况下，陡然听到这个折中方案，简直无异于雪中送炭，自然就很容易接受了。就这样，在两人的通力合作下，再难对付的客户也常常被这样轻松搞定，两人也因此都深受公司领导层的器重。

谈判之道

在这个案例中，林宏充当了"白脸"的角色，提出的要求较为苛刻；而刘伟则充当了"红脸"的角色，态度较为温和。对手领教过林宏的强势，自然也就更愿意接受刘伟的温和。同样地，在谈判中，有经验的谈判者常常会利用这种"你们是和我谈，还是和××谈"的策略。不过，在具体运用时，还是要注意以下几点。

1. 根据性格、面相等分配任务

一般来说，"红脸"适合由助手充当，负责调和关系，掌握着让步的分寸。而"白脸"则由主谈人充当，因为他们需要把控全局，因此往往会十分严格地执行谈判目标。在交往中，人们很容易受到对方的性格、面相、言谈等因素影响，认为说话温柔和气的人更容易相处，而脾气暴躁的人则更不值得信任。所以，在选择"红脸""白脸"角色的时候，要尽量使角色的分配符合本人的性格特征和面相，扮演"红脸"角色的人应该说话温和、为人圆融，能给人如沐春风的感觉；而"白脸"则应该果决干练、雷厉风行，处事原则性强，能迅速把握时机，说话铿锵有力、快人快语，给人一种严厉、刻板的印象。这样的组合往往可以给对方施加强有力的影响，能够收到一个不错的效果。

2. 默契配合

"红脸""白脸"一定要配合默契。当"白脸"开始进攻的时候，"红脸"要仔细观察对方的反应，一旦发现对方也不肯让步，谈判即将陷入僵局，此时就要及时接过接力棒，出面进行协调，适当地给对方一个台阶下。反过来，当"红脸"圆滑处事，而对方的态度仍然含糊其词的时候，"白脸"也要适时立威，给对方制造压力，告诉对方，如果你不接受"红脸"的方案，那就按照我的方案来执行了。

3. 把握分寸

在实施红白脸策略的时候，"白脸"要敢于出击，但同时也要注意进退有度，在坚守原则的前提下，如果发现稍微让步就能够促成交易，也不妨给对方一些甜头，避免由于过于强势而将对方吓退。"红脸"虽然态度要温和，可却也不能唯唯诺诺，无谓地让己方输了气势，落了下风。要掌握好让步的分寸，须知"妥协是为了争取更多"，不要白白错失了本该争取的利益。

朱氏箴言

当对方出现了妥协的迹象，正在犹豫不决的时候，"红脸"

可以直接询问对方："你愿意和我谈，还是和××谈"，促使对方回想和"白脸"谈时自己的窘迫。这种冷暖之间的对比越强烈，对方自然也就越容易接受"红脸"的建议。

采用车轮战术，给对方施加沉重的精神压力

所谓车轮战术，是指将我方阵营的人分成几批，轮番上阵与敌人交锋。如果敌人没有后备力量可以替换，就只能连续迎战，从而陷入疲于奔命的状态，最终由于体力透支而落败。在谈判桌上，这种情况也屡见不鲜。有经验的谈判者在面临关键问题或是双方由于某个问题无法达成协议时就会找一些借口，由自己的同伴轮番上阵，与对方谈判，有意延长谈判时间，消磨对方的精力和耐心，最终达到迫使对方让步的目的。

参与车轮战的同伴既可以是上级、合伙人、委托人，也可以是亲戚朋友。无论是谁，只要同伴间密切配合，就能够给对方造成沉重的精神压力。

情景再现

一家药业公司与某装修公司就装修事宜进行谈判，本来价格已经谈妥，但双方对支付条件却始终无法达成一致。作为装修公司的乙方认为，由于甲方的经营性质，装修工程较麻烦，总价也

很高，前期投入很大，而己方现在的流动资金不足。若贷款支付，势必会增加装修成本，因此希望作为甲方的药业公司能够提前支付一笔预付款给己方。然而甲方却坚持认为，流动资金不足是乙方的事情，应该由乙方自己负责。结果，仅仅因为这一个条件谈不拢，双方就这样僵持了几个回合，始终无法成交。最后，甲方提出先休会，要求乙方就支付条件拿出一个书面方案来，乙方同意了。

半个小时后，双方重新开始谈判，乙方提出了方案，要求甲方在合同生效半个月内支付总价的20%；等布完水道线路后，甲方支付总价的30%；在调试设备之前甲方支付总价的20%；在工程交付后支付剩下的部分。甲方听完表示，对于这个方案，需要研究后才能够予以回复，下午再进行谈判。

在谈判的间歇时间，甲方拟订了谈判方案。

下午的谈判开始后，甲方的负责人开门见山地说："我们对贵方的要求进行了研究，具体情况由李先生陈述。"

李：我们经过研究讨论，认为贵方提出的支付比例不合理，而且支付单据也不明确。

乙方：这些问题都可以讨论。

李：贵方要求支付费用的速度太快了，与工程进度不匹配。

乙方：支付的比例是客观需要，无法调整。

李：刚签完合同就要支付20%的费用，这时候工程还完全没有开始呢！

乙方：装修需要提前备料。

甲方负责人：就算是备料，也不可能需要20%，再说这本身就是贵方应该负责的事情。

乙方：既然如此，就请贵方拿出方案吧！

甲方负责人：签完合同后，我们最多预付工程款的10%。

乙方：这仅仅是履约保证金。

甲方负责人：贵方可以用这笔款去备料。

乙方：数额太小，不够。

李：12%。

乙方：（一口回绝）不行。

甲方负责人：那贵方认为多少合适？

乙方：20%最好。

甲方负责人：既然如此，请与李先生商谈吧。

接下来，甲方的李先生再次向乙方说明为什么己方会提出12%的比例，乙方重申比例太小不够用。李先生又一次反对，甲方重新解释……眼看着就这样过去了三四个小时，双方都早已经疲惫不堪。这时，甲方负责人趁机提出会支付15%的费用，但需要由乙方出具履约保证函。乙方负责人无奈地只好接受。接下来，双方开始商谈其他的问题，每解决一个问题，乙方都要和甲方的负责人和李先生分别周旋很长时间，直到乙方筋疲力尽的时候，甲方负责人才会出面，接过谈判的任务继续与乙方商谈。而一旦场面僵持不下时，李先生又会开始站出来加入战局。就这样，在经过了一番车轮战之后，乙方人员终于承受不住压力，做出了不符合预期的让步。

谈 判 之 道

在这次谈判中，甲方的负责人和副手李先生密切配合，采用了车轮战术。针对乙方提出的每一个方案，都死死咬住不放，一个人谈不下来的时候，就换另一个人谈，再不行的话就再换人，直到对方无奈让步为止。在一轮轮的谈判中，对方的意志渐渐被消磨殆尽，斗志也土崩瓦解，最终获得了谈判的最后胜利。

车轮战之所以能够取得这样辉煌的战果，是因为每个人都有不同的谈判风格，己方每更换一次人，对方都需要重新适应，在同一个问题上再纠缠和商讨一次。这不但是对耐力的消耗，对信心、成就感和体力也是一种巨大的消耗，很容易给对方的身心造成巨大的压力。因此，有经验的谈判者会根据谈判的具体情况，在适当的时候采用车轮战的战术。

1. 分解目标，在对方的细节上找漏洞

进行车轮战，需要先分解目标。谈判者需要对自己在某个阶段的谈判中要达到的目标十分清楚，然后将该目标分解成三个以上的小目标。接下来需要围绕这些小目标，在对方的方案细节中找出相关漏洞。即使对方的细节毫无破绽，也可以用方案不合理为由要求让步。最后，谈判者就可以在每一个目标阶段反复争取和协商。

2. 主谈人打头阵，把控整体方向

车轮战中，主谈人通常都会负责打头阵，要把己方的观点和要争取的利益表述清楚，并围绕这个大目标和对方进行初步的协商。如果双方反复协商后仍然谈不拢的话，就可以顺水推舟说："对于这个问题，我方认为贵方的条件太苛刻，具体的问题可以和我的副手谈。"等对方和副手纠缠了一段时间以后，再介入谈判："那贵方认为多少合适？"如果还是没法谈拢，可以继续将接力棒交给副手。需要注意的是，在整个谈判过程中，主谈人应该把握大局，随时观察和协调双方的情绪，免得双方因为相持不下而情绪崩溃，从而导致谈判陷入僵局甚至破裂。不过，主谈人也要注意坚守己方的底线和整体目标，不要让己方空忙一场，毫无收益。

3. 辅谈人负责细节协商

辅谈人主要负责细节的协商。辅谈人要发扬"咬定青山不放松"的精神，每一个问题都要和对方周旋到底，不要轻易接受条件，要为达成谈判协议制造一些难度，同时还要让对方欲罢不能。

4. 在对方濒临崩溃的时候提出折中方案

要记住，谈判的最终目的是达成协议，实现双方共赢，无论哪一方都不愿意看到谈判破裂。所以当谈判结果基本实现己方的目标，或者对方的情绪濒临崩溃时，主谈人需要及时介入，提出一个双方都能接受的折中方案。

朱氏箴言

在使用车轮战时，一定要让对方拿出明确的书面方案，这样己方才能够针对方案中的每一个细节制定相应的应对措施，步步为营，在每一个问题上持续不断地换人谈判。

以小博大，用语言的钳子撬动对方的思想

所谓"钳子策略"，是指用简洁的语言和适当的沉默，将对方的思想"钳"住，让对方的思路随着己方的话语转向。这是一种典型的以小博大的策略。

举个例子，有些人在购物时和导购员砍价，往往会简单地说一句价格太高，然后闭口不言，任由导购员在那里滔滔不绝地介绍商品材质、品牌等信息。等导购员说到某一处时，他们才适时地来一句："这面料有点粗，再便宜点吧！"然后再次陷入沉默，任由对方去解释。如此反复，购物者往往可以用自己较为满意的价格买到商品。在这里，顾客所说的"价格太高""这面料有点粗，再便宜点吧"就如同一把把"钳子"，把导购员的思路"钳"住了。尽管顾客没有报出具体的价格，却能够引导对方逐步接近己方的心理价位。

情景再现

有一家无纺布厂想和某公司谈一笔生意，尽管对方已经有了一家稳定的供应商，然而在无纺布厂市场人员的游说下，还是答应考虑该无纺布厂原料，不过他们明确表示："我们本来已经有供货商了，如果你们不给我们一个更优惠的价格，我们是肯定不会考虑的。"

无纺布厂的市场人员沉思了片刻，问道："你们希望是什么价格呢？"说完他就沉默了，静静地等待着对方的回答。

对方用手指敲着桌子说道："总要比我们现在的进货价低一些吧。"

无纺布厂的市场人员依然静静地注视着对方。

对方停了一下："一吨的价格如果高于15000元的话，我们是不会考虑的。"

无纺布厂的市场人员说："我了解给你们供货的那家公司，我想贵方还能给出更好的价格方案。"

最后，对方在看了无纺布厂的原料后，最终报出了15200元的价格并成交，这个价格高出了无纺布厂的底价。

谈判之道

在这则案例中，无纺布厂的市场人员仅仅在关键时刻稍微提示了一下对方，就诱使他们将心理价位和盘托出，并最终迫使对方做出让步。

这种谈判策略，有时候也被称为"沉默成交法"。在谈判的过程中，有经验的谈判者会十分耐心地保持沉默，静等对方先开口，因为一旦对方先开了口，就意味着对方很可能让步。

这就是钳子策略的威力所在。因此，当谈判进行到关键时刻，而己方又想争取更多利益的时候，不妨闭上嘴巴，保持沉默，只要在合适的时候告诉对方："我想，价格还可以更优惠一些"。

1. 先总结

想要钳住对方，首先要明确对方的报价方案。当对方发言完毕后，谈判者可以先总结一下对方的报价，比如："您期望的价格是……这样吗？"如果对方给出了肯定的答复，接下来就可以请对方说出他们给出当前报价的原因，然后再旁敲侧击，以各种理由提醒对方："您可以给我一个更好的价格。"

2. 保持沉默

在还价以后，谈判者需要保持足够的沉默，在对方开口之前，不要主动说一句话。这时候，你只需要坚定态度，冷静地注视对方，面带微笑，保持平和的语速，用神态告诉对方："我不会接受这个条件。"

3. 预估对方的价格底线

保持沉默要想收到良好的效果，一个重要的前提条件就是对方给出的价格高出了他们的底线。假如对方一开始给出的价格就接近底线，合乎实际，此时你的沉默非但无法迫使对方让步，反之还可能导致对方直接选择放弃。因此，谈判者在使用沉默战术之前，一定要结合市场情况和对方的实际情况等因素，对对方的价格底线做出清晰的预估。

朱氏箴言

从某种意义上来看，"钳子策略"相当于简单的话语+必要的沉默。在谈判中，有经验的谈判者常常会有效地利用这种策略，只是简单地和对方说一句，"你们可以做得更好"，然后就静等对方拿出更有利于己方的方案。

先友善地安抚对方，再明确拒绝对方的要求

有些时候，谈判者在面对对方的一些不合理要求时，会闪烁其词、百般推托："对不起，这件事情我没有权力决定，我必须回去问问我的领导。"或者："我得请示一下我的上级，等他决定了我再答复你。"实际上，这种方法并不能使对方让步，反而会让对方认为有机可乘而得寸进尺，给自己带来更大的麻烦。不过，过于生硬的否定也确实对谈判不利，极可能会使对方受到伤害，激怒对方，从而使谈判变得更加困难。

对此，有经验的谈判者拒绝时要热情、语气要肯定，根据当时的实际情况，坚决果断而又不失友善地表示："不，这么做我不

愿意。"

情景再现

宋小姐的工作是在家纺产品柜台销售窗帘。有一次有位客户向她订购了一种窗帘，宋小姐为她提供了非常优质的售后服务，不仅帮客户送货上门，还帮她挂好。客户当时对成品表示十分满意。没想到的是就在第二天，这位客户打电话过来，态度坚决地要求退货，理由是那种窗帘的颜色她老公不喜欢，因此她改变了主意，想要更换另外一种图案的窗帘。朱小姐知道，如果这次同意给她更换，那么下次很有可能再次发生同样的事情，更何况这并非产品的质量问题或服务问题导致的，更换窗帘是一件相当烦琐的事情。宋小姐为了照顾客户的面子，并没有当场就回绝她，而是先笑着说："你们夫妻的感情真好，让人羡慕。"

听了这句恭维，对方也礼貌地回应："谢谢。"

宋小姐接着说了下去："太太，听到你的先生不喜欢你所选的窗帘颜色，这让我也感到很遗憾，可是我们已经按照订单将窗帘安装好了。按照规定，我现在不能给你退款，不过请您放心，这款窗帘是非常环保的产品，颜色、花纹也是眼下最流行的款式，或许过段时间你就可以说服你先生，让他相信你的眼光，你买到的绝对是一款最好的窗帘，而且它很适合你的家。"客户听着电话那头宋小姐甜美热情的嗓音，只犹豫了一会儿，就说："算了，再换下来也确实挺麻烦的，其实我老公也不是非常反感这个颜色，就这样吧。"

谈 判 之 道

在这个故事里，其实宋小姐很清楚，店里是不大可能接受这位客户更换窗帘的要求的，因为客户的理由并不充分，何况从她自身利益的角度，她也不希望客户退换货。然而她并没有一口回绝，直接将客户的要求拒之门外，而是先友善地对客户进行安抚，然后才明确地拒绝了对方的要求，并让客户认为自己可以说服丈夫。就这样，她既顺利地解决了问题，又没有得罪客户。当然，在另外一些情况下，有经验的谈判者也会给对方一些带有补偿性质的建议。

例如，美国的口才与交际学大师卡耐基有一次曾经接到过一个演讲邀请。他十分热情地对邀请者说："哎呀，很遗憾，我实在是排不出时间来了，对了，××先生讲得也很好，或许他比我更适合呢。"卡耐基这样说，并没有让邀请者感到丝毫的不快，反而对卡耐基的坦诚深表感谢。

总之，谈判者在面对对方的不合理要求时，一定要用友善和热情安抚对方，消除对方的抗拒心理，同时也要态度鲜明地拒绝对方，不给对方死缠烂打的机会。

1. 表明态度

模棱两可、含糊不清容易让对方保留着一种期待，这样对双方都不好。有经验的谈判者会在拒绝对方的同时明确表达出己方的态度，让对方明白己方不可能让步，迫使对方重新评估自己的要求是否合理。

2. 不要评价和攻击对方

每个人都有自尊心，如果他们感觉自尊受到了伤害，就有可能造成心理失衡，引起强烈的反感，从而导致不良后果。所以，在拒绝和否定对方的时候，应该给对方以充分的尊重，千万不要随意评价和攻击对方。有经验的谈判者会先说一些让人听了能够产生共鸣的话，先找出他提出方案的优点进行肯定，然后再指出其中的缺点，让对方感觉你的拒绝是出于无奈，从而予以理解。

3. 不要过分道歉

在否定对方的时候，一定要保持不卑不亢的态度。要知道，谈判本就是一个双方不断对抗、缓和和合作的过程。双方为了各自的利益而战，也为利益而合，谈判者没有必要一直诚惶诚恐、卑躬屈膝，过分地表达歉意反倒会削弱自己否定的力量。

4. 让对方和自己共同承担风险

通常而言，谈判对手在提出要求之后，总会希望得到满足，并不会考虑对方因此要承担的风险。有经验的谈判者在必要的时候会实事求是地将自己需要承担的风险讲清楚，并让对方设身处地地考虑己方的处境，引导对方和自己共同承担风险。比如："我这样做，一旦被公司发现就会被开除，也浪费了您的时间和精力，不是吗？"事实上，没有人喜欢风险，一旦他们知道自己也要承担风险，自然就会对问题重新考虑，甚至放弃自己不切实际的要求。

朱氏箴言

在否定对方之前，可以先肯定对方，然后再否定：否定的是对方的方案和观点、主张中的不当之处，肯定的则是对方的坦诚和配合。这样，否定就显得不会那么让人难以接受。

直指对方的不当行为，掌握谈判的主动权

有时候，谈判者为了达到目的会采用一些不正当的行为，比如偷工减料、故意拖延工程进度、擅自修改合同、购买大宗商品时坚持要求退货却没有正当理由等等。有经验的谈判者在面对这样的对手时，往往会当机立断，直接指出对方的不当行为，彻底掌握谈判的主动权。

情景再现

有位客户在一家房产公司买完房子后，仅仅过了一个月，发现房价降了，于是他很生气地找到该公司售楼部要求退订："你们怎么回事？我上个月订的房子，当时你们向我保证房子肯定不会降价，结果你们昨天推出的那个楼盘的房价一平方米一下子降了

1000 元，我这套房子整整便宜了 12 万元，你们这不是坑人吗？太不像话了，这房子我不要了，我要退订。"

售楼小姐听完以后，耐心地询问："先生，我很抱歉听到这样的消息，请问您是从哪里得知我们降价了呢？"

这位客户的态度依然非常强硬，语气十分坚持："你不用管我从哪里得知，这有意义吗？不用多说了，反正我就是要退订。你必须马上给我处理。"

售楼小姐随即找出了双方之前签订的合同，指给对方看："先生，您的感受我非常理解，自己刚刚花了那么多钱购买的房子，没过一个月价格就降了，如果换了是我，也会不高兴的。不过我有一个问题一定要跟您说清楚，从现在的情况来看，您的房子并不在退订范围内。如果您坚持要退订，您的定金我们是不会退的，这样您就会蒙受不小的损失，这一点，在我们的合同中写得很明白。况且，根据国家规定，除非房子有重大问题，如我们不能给您办理产权、延期交房等，否则我们是不会受理退房请求的。您这样的理由，我们公司领导恐怕是不会同意的。请您再换个角度想想，按照您的思路，假如房子涨价了，您是不是应该补给我们差价呢？其实先生您完全不用担心，要对您自己的眼光有信心，您一眼就看中了我们小区里最好的房子，无论是硬件还是软件条件都很好，特别是我们的物业服务，是全市最好的。您之前也看过了那么多楼盘，全市还有哪个小区的房子能拥有我们这样的条件呢？"

客户长出一口气："这么说，我这房子是肯定不能退了？"

售楼小姐微笑回答道："先生，您就放心吧，买到这样的房子绝对是物超所值，您怎么样都不会吃亏的。您有没有联系好装修公司呢？我知道一家装修公司，设计得很不错，质量和服务都很好，您要是信得过我，我可以帮您联系一下，让他们给您最优惠的价格。"

客户经过一番考虑，最终只好点点头说："好吧。"

谈 判 之 道

在上面这则案例中，这位购房客户的不当之处在于：强硬地要求退货却没有正当的理由，对于房子这样的大宗财产交易而言，没有正当理由，通常是不予退货的，即使要退，也不会退还定金。客户的这种行为不但违反了合同的要求，也不符合双方的利益。在这种情况下，售楼小姐当机立断地直接指出对方的不当行为，自然也就在谈判中占据了绝对的主导地位。

可见，在谈判的过程中，如果对方的主张、措施、观点违反了法律，或者不符合合同中的约定，严重伤害了己方利益，谈判者应该当机立断，向对方提出抗议，表明自己的立场。

1. 有理有据，观点鲜明

谈判者在指出对方的不当行为时，语言要有理有据，明确而肯定，既要明确地表达出自己的观点，还要清楚地阐述提出该观点的依据，以事实说服对方。同时要保持不卑不亢的态度，要义正词严地指出对方的不当之处，迫使对方正视自己的问题，直到他做出让步为止。在这个过程中，谈判者要坚守三不原则：不讨好、不愤怒、不商量。

2. 当面提出，不秋后算账

在谈判过程中，一旦发现对方的行为、观点、方案的不当之处，应当面就提出，切忌在谈判结束后再去"秋后算账"。

3. 见好就收

还有一点需要注意，即使是已经占据了谈判中绝对的主动权，有经验的谈判者也会见好就收，掌握好分寸，不会不依不饶，穷追猛打，更不会上纲上线，将问题扩大。正所谓"穷寇莫追"，事情如果做得太绝，往往只会令对方破釜沉舟，撕破脸皮，从而做出一些不理智的行为。

朱氏箴言

在指出对方的不正当行为时，可以先引用一些相关的法律条文或相关的规章制度，然后再指出对方的不正当之处，做到义正词严、有理有据，使对方心服口服。

巧用"最后通牒"，让对方没有回旋余地

在谈判中，时间是一个微妙的因素。当对方始终不肯让步，

或者迟迟不愿签订协议的时候，利用时间的期限发出有力的通牒则是一种出奇制胜的策略。

情景再现

2006 年 6 月 9 日，美国沃尔玛公司与可口可乐公司就配送流程展开了一次谈判。谈判中美国沃尔玛公司发出了一个最后通牒式的通知，通知中说明可口可乐公司以后要将其饮料先运到沃尔玛的配送中心，然后由配送中心向沃尔玛各家分店送货。如果可口可乐公司答应的话，沃尔玛公司就将饮料的订单增加一倍，否则就不再销售可口可乐公司的饮料，转而销售自己生产的产品。

之所以提出这样的要求，是因为沃尔玛公司知道自己处于一个强有力的地位，作为全球最大的一家世界性连锁企业，其在谈判中的强有力地位是不言而喻的。沃尔玛公司方面认为可口可乐公司的配送流程无法保证充足的货源，而且在产品推介上花费的时间也过长。在通知中，沃尔玛公司方面还明确提出了增加订单的条件，以增加可口可乐公司接受的可能性。

而对于可口可乐公司来说，改变配送方式比失去沃尔玛公司这一巨大销售商的成本要小得多，由此看来沃尔玛公司提出的要求并不过分，在可口可乐公司的最低谈判目标之上。因此，在沃尔玛公司发出最后通牒后，不会引起可口可乐公司强烈的对抗和反击，最终可口可乐公司选择接受沃尔玛公司的要求，改变其配送方式。

谈 判 之 道

当对方有明确的成交意愿时，比较适合采用最后通牒的策略。对方原有的谈判计划都是在时间较为宽裕的前提下制订的，可是己方却突然拿出一个时间表，告诉对方终止谈判的最后期限，而他们又有成交的意愿，所以他们就不得不在利益和时间的驱动下接受条件。

不过，利用时间表发出最后通牒的做法属于一种十分强硬的策略，它是一种非常规的策略，相当于告诉对方：不买拉倒、不卖拉倒。而一旦使用了这种方法，谈判有一半的可能性会破裂。因此，使用的时候一定要非常谨慎，尤其要注意做好以下几点。

1. 弄清对方的时间期限

只要是重要的谈判，总会有个时间期限，要么有一个准确的截止时间，要么也会有一个大概的时间范围。谈判者要善于根据对方的言辞、工作安排、谈判目的、经营情况、资金情况等判断对方的时间期限，预估对方大约需要在多长的时间内结束谈判，然后据此对工作进行合理安排，决定在什么时候发出最后通牒。

2. 准确把握对方的成交意愿

假如对方并非一定要达成交易，这时如果谈判者一厢情愿地设定最后期限，非但无法促使对方做出成交的决定，反倒可能会让对方彻底放弃谈判，转而寻找其他的合作伙伴。因此，谈判者一定要在谈判开始之前就将对方的利益诉求和需求现状打探清楚，在谈判的过程中，还应随时观察对方的成交意愿。

3. 先让对方"投资"

谈判者采取最后通牒策略的前提是必须已经尝试过其他的方法，但都没有达到目的。此时双方的关注点都聚焦在关键的问题上，己方的条件已经降到最低限度，谈判失败所带来的损失双方都已经无法承受，因此一定要达成协议。在此之前，己方可以设法让对方对谈判进行必要的投资，例如先在其他次要的问题上与对方达成协议，尽可能地消耗对方的时间、精力，等到对方的"投资"达到了一定程度的时候，再放出大招，使得对方无从躲避。

4. 在谈判的最后期限抛出核心问题

在谈判的前期阶段，谈判者可以先针对非关键问题进行慢节奏的谈判。等到接近谈判的最后期限时，再将关键问题提出来。这时，由于时间的限制，对方已经没有足够的时间去纠缠细节问题，为了尽快促成交易只得做出让步。

5. 态度要强硬

一旦使用了最后通牒法，就一定要摆出强硬的态度，言辞明确地从正反两方面向对方阐明利害关系，使对方无可辩驳。还有，最好由谈判队伍中的主谈人来发出通牒，因为发出最后通牒的人的身份越高，其真实性和威慑力就越强。

6. 团队内部实现有效沟通

在使用最后通牒法之前，团队成员的内部要事先有效沟通，达成一致，因为通牒的结果不一定会成功，也可能会失败。事先通气，可以帮助谈判者坦然接受谈判的任何一种结果，而不至于造成一些不必要的损失。

朱氏箴言

有经验的谈判者往往会利用谈判桌外的因素来配合行动，例如拿出某些文件、预订回程票等，这样可以有效地向对方传达己方最后通牒的决心。

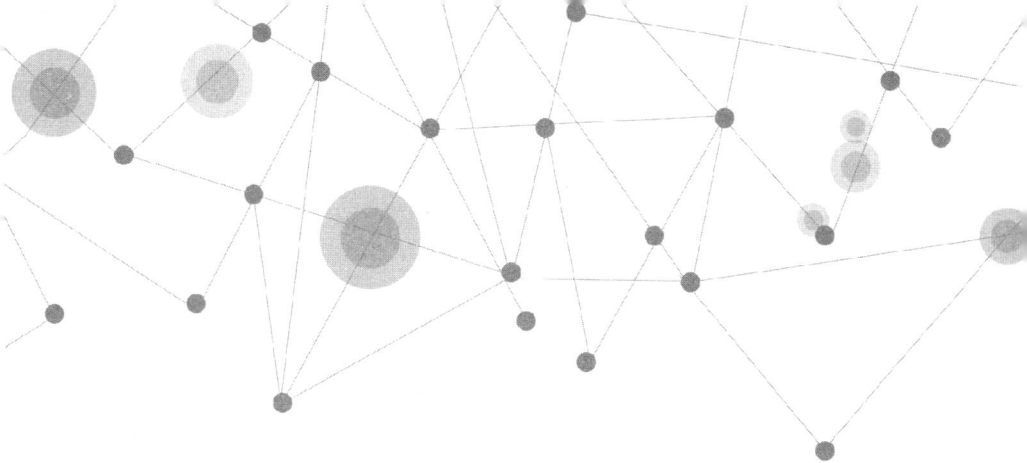

第七章　做逆境中的智者，
巧妙应变劣势也可翻盘

　　当谈判处于劣势时，你可以选择抱怨，也可以选择积极面对，换一种思路去解决问题。两种选择，会有两种不同的结果。抱怨只能让你陷入痛苦的泥潭，而换一种思路，可能会将劣势转变为优势，从此"柳暗花明又一村"。

抓住对方的弱点，扭转于己不利的局面

许多谈判者之所以会在谈判中无法扭转局面，或是由优势转为劣势，其中有个很重要的原因是他们没有找到对方的弱点。谈判实质上是彼此之间的一种利益交换，作为一个谈判者，不但要对自己通过谈判应该得到什么以及想得到什么有一个清醒的认识，也要弄清楚对方需要什么、想要什么。当谈判陷入僵局，形势对自己不利的时候，要善于抓住对方的弱点，果断出击，一举挫败对方的锐气。

俗话说："智者千虑，必有一失。"在谈判中双方针锋相对，难免出现疏忽，例如论点错误、证据缺失、逻辑不严谨，或是人员自身性格、行为和感情上存在一些漏洞等，这些都可以被谈判者利用。必要的时候，谈判者甚至可以去创造、放大和突显对方的弱点，然后抓住对方的弱点，步步紧逼，迫使对方做出让步，从而将不利的局面扭转过来。

情景再现

我国曾经和一家国外的公司就一款载重汽车的质量问题处理进行过一场谈判。当时，这批载重汽车仅仅购买了三个月，就出现了严重的质量问题，屡次出现配件断裂、铆钉松动等问题。我国的相关人员对此十分重视，及时与对方进行交涉。没想到对方却一口咬定他们提供的产品经过了严格的质量验收，不可能存在质量问题，从来没有因此引起过纠纷。对方甚至还说，之所以会出现这种状况，肯定是我国的问题。为了维护用户的利益，我国的相关人员对这家公司的汽车设计图和相关的资料进行了详细的审查。最后他们发现，根据双方签订的合同，这批汽车应该是专门为中国市场定制的，相关的承重部分都应该得到加强。然而实际情况是，对方不仅没有这样做，反而还把承重部分减弱了。于是，我国的相关人员在谈判时据此明确告诉对方，这批汽车之所以会出现这些质量问题，完全是因为对方没有按照合同生产，并指责对方只顾赚钱而违背承诺，甚至推卸责任。同时，我方的人员还郑重地指出，如果我们将此事公之于众，对方这种不讲诚信的行为一定会令声誉严重受损。我国相关人员给出了确凿有力的证据，对方的公司无言以对，只好承认自己的错误，并承诺会立刻采取措施解决问题，赔偿我国的损失。

谈 判 之 道

金无足赤，人无完人，每个人都会有自己的缺点和不足，有经验的谈判者善于抓住对方的缺点发起攻击，令对方失去谈判的资本。上例中我方谈判人员就是利用这一点展开进攻，抓住对方因违反合同而造成我国损失的不诚信行为的这一弱点，迫使对方承认自己的错误，赢得了谈判的胜利。

在使用这种方法的时候注意把握以下几点原则。

1. 只用一次

这种方法如果使用太频繁，很容易让对方由于压力过大而产生逆反心理，或者是由于已经熟悉了你的套路而想出应对的策略，导致你的策略无效，甚至事与愿违。因此，攻击弱点的方法针对同一对象只能使用一次。

2. 摸清楚对方的底细和压力所在，有针对性地下手

使用攻击弱点的方法要想收到较好的效果，必须有的放矢，否则就无法准确找到突破口。而想要找准对方的弱点，就必须事先进行一番周密的准备，尽可能详细地搜集对方的信息，搞清对方所处的情况和正面临的压力，以及产生压力的原因等，这样当己方在谈判中出现不利局面的时候才能扭转乾坤。

3. 友好协商，各取所需

如果在一场谈判中，能让谈判的双方都各有所获，又各有所让，这才能称得上是一场成功的谈判。假如一味地损人利己，让自己占尽便宜，最后的结果是注定不可能很好的。因此，在谈判的过程中一定要秉承友好协商和平等互利的原则，既要千方百计地抓住对方的弱点，赢得谈判的胜利，也要注意不能恃强凌弱，以大欺小，尽量做到友好协商，各取所需。

朱氏箴言

在利用对方的弱点时，谈判者可以将由于对方的失误、弱点

可能造成的损失放大，并反复强调，直到对方出现紧张或松懈的神态为止。

借助与谈判相关的事情，改变对方的观点

俗话说"当局者迷，旁观者清"，谈判者身在局中，一心只盯着双方的利益得失，光是从自身的立场出发去说服对方，很难取得好的效果；甚至在很多时候，谈判者自己说得口舌冒烟，对方却无动于衷。有经验的谈判者在遇到这种情况时，通常会利用一些相关的事情去说服对方，借此扭转局势。

情景再现

有位保险销售员去拜访一位准客户，这位客户是就职于一家大型公司的员工，由于工作性质需要经常出差到外地。在他的认知里，总觉得买保险是一种杞人忧天的行为。于是这位销售员对他说："先生，您出差去过那么多的地方，一定是见多识广，对交通情况肯定也很熟悉了。那我想向您请教一个问题，您平常开车或是坐车出门的时候，是不是一路都会碰到绿灯？"

"这怎么可能？肯定会有红灯啦，有时候简直就是一步一个红灯。"

"那么遇到红灯的时候，您会怎么办？"

"当然是停下来等绿灯啊。"

"您说得对。我们人生也和过交通灯一样，有巅峰，也会有低谷，有时会遇到绿灯，有时也难免会碰到红灯，所以我觉得您也非常需要偶尔将脚步停下来，重新认真思考一下自己的人生。您觉得我说的有没有道理？"

听了销售员的这番话，客户的神色果然变得凝重，他一脸严肃地看着销售员，静静地等着他继续说下去。销售员微微一笑，接着说道："人生就是这样，我们永远不知道什么时候会遇到需要暂停一下的情况。就像我们开车一样，遇到红灯了，就停下来等一等，否则就有被撞得四分五裂、粉身碎骨的可能，您说是不是？其实对于生活来说，保险的意义就像红灯和开车一样，当我们的生活遭遇意外时，它能够有效地保障我们的生活。您现在付出的就是将来支付给您家人的，是您家人的福分。因此，我真诚地建议您为自己，也为家人的未来设置一道有力的保障。"

谈判之道

上述这位保险销售员把生活中的红灯与保险联系起来，用生动形象的例子告诉对方，人生和在路上行车一样，也需要设置一个红灯，即生活出现意外时的保障。尽管并不是什么大道理，却能够直指人心，具有很强的感染力，让对方从中得到启发。古人云："他山之石，可以攻玉。"在谈判中，谈判者也可以使用这种方式，借助一些与谈判相关的其他事件，与对方进行沟通，从而左右对方的观点。

1. 借助制度

一位普通的公司职员鼓起勇气走进了经理的办公室，对经理说："领导，请您给我涨一点工资……"其实，她入职这家公司已经有很多年了，工作上的表现也确实不错，尽管她的工资已经不算太低，可是她觉得凭借自己的表现理应得到更高的报酬。

经理笑着回答道："说起来呢，你的工资确实很久没涨了，然而……"他指指办公桌上的一叠文件夹，不紧不慢地说道，"根据我们公司的职务工资制度，以你目前的职位，在你这一档中，你现在的工资已经是最高的了。"这位职员一听立刻就懂了，她沮丧地说："唉，好吧，打扰了！"

在面对一些不合理要求的时候，搬出制度做挡箭牌，不失为一种很好的方法，因为这样不但可以理直气壮地拒绝别人，而且还能够不伤面子。上面例子中的经理就是用制度作为借口，一举打消了职员提出的涨薪的要求，成功地转移了她的注意力，同时并没有令职员心理上感到不舒服。

2. 借助时间

时间也同样可用于和对方协商。例如，如果谈判者无法接受对方提出的要求，那么不妨利用时间去冲淡对方的欲望，这样既为自己赢得了考虑的时间，也会让对方感觉他提出的请求受到了你的认真对待。

职工小李想要调换岗位，于是他向自己的主管提出了这个要求。主管心里很清楚，以小李目前的情况是不可能给他换岗的，可是他为了不伤小李的自尊，并没有一口回绝他，而是回答道："你提的这个要求不光关系到你一个人的问题，还要涉及好几个其他部门的同事，这事我拍不了板。这样吧，我会把你的要求提上去，请示上面的领导，过几天再答复你，行吧？"

主管用这样的回答委婉地告诉小李：调岗位并不是一件简单的事，请示上级领导后是否能够同意调动就不一定了，这样就能让他自己提前有个希望落空的思想准备，比起主管直接拒绝的效果自然要好得多。

3. 利用对方的言辞作为突破口

在很多时候，谈判者在后面说的话会和前面的陈述内容产生矛盾。一旦出现了这种情况，谈判者就可以利用对方的言辞作为突破口来与对方协商。

在一场谈判的最后阶段，谈判者遭遇了对方的讨价还价，他立刻微笑着说："贵方觉得价格高，对此我表示十分理解，不过您也知道，跑运输的车最怕的是什么？就是车身零件老化而导致刹车失灵，对吧？那么我们就从这个角度来简单分析一下，为什么它的价格会高。"这位谈判者就没有直截了当地反驳对方，硬说自己的价格合理，而是抓住了对方语言里对应的点作为突破口，用高价的零件才不容易老化，更有利于保证安全来说服对方。这种方式在谈判中往往较容易使用，而且也可以收到良好的效果。

总之，在谈判中，借由外部条件或其他相关的事情来说自己不容易说出口的要求，不仅能够更加从容自如，可以清晰地表达自己的观点，还可以避免引起对方的敌意，同时还能够帮助己方争取到缓冲的余地。

朱 氏 箴 言

在寻找相关的事情来说服对方的时候，记得要找那些双方都知道却被对方忽略了的事情，然后在话里加一句："你知道的……"这样一来，对方即使不同意你的观点，也找不出有力的理由来反驳你。

强调己方的被利用价值，更容易打动对方

人的天性就是趋利避害。尽管每个人对好和坏的判断标准有些差异，然而共同点就是，人们会下意识地选择那些对自己有好处的人和事，排斥那些对自己有坏处的人和事。所以，在成就自己的同时能够给予他人一定利益的人常常会收获更多的朋友。从本质上讲，谈判就是一个交换的过程，假如谈判的双方不能实现互惠互利，谈判就不能取得良好的结果。因此在谈判中，倘若你想要促成合作，就需要向对方表明，自己有"被利用"的价值。

情景再现

有个客户去4S店买车，看完了车就开始试车。在试车时，他按动开关，把车前灯、车后灯等轮流打开。销售员见状就问他："赵先生，有些人在晚上开车转弯的时候经常看不到车前面拐弯处的情景，您会这样吗？"

客户再次把车前灯打开："有啊，我有一次外出办事，晚上回来的路上有几个急转弯，根本看不到弯道的前面有没有车，有几次差点出事，我当时吓出一身冷汗。你有没有什么好办法呢？"

销售员笑着说："这个问题确实很多人都会感到头疼，不出问题就算了，只要一出问题很可能就是大事故。我们的这款车配置了双氙气前大灯，就是为了解决这个问题。它可以自动转向，而且亮度充足，夜间开车的时候把它打开，就可以把那些原本看不清楚的盲区照亮，这样您开车的时候就会更安全。"

客户听完不住地点头："这样确实很不错。就是不知道其他的性能怎么样。我平常送孩子上学也经常开车，只希望车子可以安全一点。"

销售员一边把车窗摇下来一边说："您家的孩子已经三岁了，是吗？这个年龄段的孩子正处于活泼好动的时候，所以需要大人更加费心。只要稍微一个不留神，他们就会扒车窗，搞不好还会被夹到。我们这款车采用了电动防夹车窗，可以有效地避免这种情况的发生……"

客户："这个设计也很人性化。那么，我什么时候可以提车呢？"

谈 判 之 道

在这个案例中，4S 店的销售员十分善于察言观色，她准确地把握住了客户的需求，然后对症下药，有针对性地表达了自己的可利用价值，帮助对方找到了问题的解决方案，因此顺利地促成了交易。

同样地，在谈判的过程中，谈判者手里拥有什么底牌、服务，甚至产品本身好不好往往并不是最重要的，这些因素可能都不足以打动对方。关键的一点在于你有多少"可利用价值"，以及你能够帮助对方解决什么问题。因此，从某个角度来讲，有经验的谈判者卖的并不是产品或服务，而是产品和服务的"可利用价值"，所以他们会针对客户面临的问题去着重强调相关的利益点。

1. FAB 法则

所谓的 FAB，指的是 feature（特点或卖点）、advantage（优点、优势）、benefit（利益）。简单来说，这种介绍方法就是要抓住客户的需求，把产品的卖点作为突出的重点。例如，如果有一款装饰材料的卖点是环保，你在推销的时候就可以这样说："我们在做装修时，除了追求美观和舒适之外，安全问题也是非常重要的。您应该有所了解，现在装修污染的问题日益突出，它对人体健康的危害非常大，特别是家里有老人和孩子的，更要引起重视。针对这个情况，我们的这款材料在生产的时候就十分注重环保问题，我们不惜增加成本，也要追求产品无毒无害。它使用的材料都是纯生态的、无污染的……"比起常规的介绍方法，这种介绍方式无疑更容易给人留下深刻的印象，说服力也更强。

2. "因为……所以……对您而言……"的介绍方法

这种介绍方法主要有三个步骤：首先，"因为……"告诉客户这是一个什么样的产品，它具有什么特点，如"因为我们采取了……结构"。其次，"所以……"告诉客户这个产品的优点，如"所以这款豆浆机的功能相当全面，而且非常容易清洗"。再次，"对您而言……"告诉客户可以从中获得的好处，如"对您而言，购买一台这样的豆浆机，您就再也不用担心吵醒家人，也不用担心早上由于急着上班而喝不到自己制作的新鲜豆浆了，而且价格也不贵，实在是物有所值"。

朱氏箴言

谈判者在介绍产品或服务的时候，不妨做一个"偷懒者"，即一次只回答和强调一个利益点，如"关于这个问题，我们……"这样将会使你的介绍更有针对性，更能吸引对方的注意。倘若一次说得太多，反而会淡化可利用价值所带来的冲击力。

视情况灵活应对，转移咄咄逼人者的注意力

在谈判中，最理想的对手莫过于善解人意、简单爽快、对自己的需求心中有数，而且通情达理的人，然而并不是每个对手都是这么好相处的。当谈判者遇到一位咄咄逼人、难以沟通的对手时，其选择区间就会被大大地限制住：假如选择了让步，固然会让对方认为己方软弱无能，将让己方陷入更加被动的地步，可是坚持下去也会陷入难堪的局面。在这种情况下，有经验的谈判者常常会根据对方的具体情况灵活应对，让对方的注意力在不知不觉之间被转移。

情景再现

托尼是美国一家房屋装修公司的员工，有一次去拜访他的准客户。

客户开了门，托尼发现眼前站着的是一个身高一米九、体重一百多公斤的壮汉，这就是他要拜访的客户肖恩。托尼吓了一跳。肖恩挥着他粗壮的胳膊，声若巨雷地吼道："你给我好好听着，不要欺负我不懂，你要是胆敢欺骗我，我就给你点颜色看看！"托尼早有所备，他马上请肖恩把他的所有要求都列出来。

肖恩立刻不客气地命令道："我要把新的窗户装上，还要加个

外墙壁板，把你的客户名单和房屋整修商的名单拿给我看看。"然后，他要求托尼在之后的一周内不要出现，"我要去打听一下你的底细。"

通常的客户在打听商家的服务品质时，只会询问一两个客户的意见，可是肖恩却给托尼的每一位客户都打了电话，并且在电话里直截了当地问对方："你当初有没有被他骗过？"后来，当托尼第二次到来时，肖恩正在修整草坪，他有点不好意思地对托尼说："你的客户没有人讲你的坏话。"

"您要的窗户一共是940元。"托尼告诉肖恩："这是成本价，其他的费用我们都不加。不过你得先把这笔钱付了，我们才能帮您订购窗户，要等三到四周后才能交货。"

"你可别想从我这里把钱骗走。"肖恩声色俱厉地说。

托尼也不争辩，顺从地说："好吧，这是我量好的您家窗户的尺寸，您可以自己去买，我来帮您安装。"

肖恩买好了窗户，托尼问道："您付了多少钱？"

"1100元。"肖恩说。

后来，托尼帮肖恩把窗户装上，加上外墙壁板之后，总共向他收了1971元。肖恩心甘情愿地把钱付了，后来他还热心地向其他人介绍托尼的优质服务，这些人最后都变成了托尼的忠实客户。

谈判之道

其实，当时托尼完全可以提醒肖恩，如果让他帮忙订购窗户，肖恩只需要花 940 元就好了，完全没必要多花冤枉钱，然而托尼心里很清楚，在这种时候还是不说比较好。面对一些蛮横无理的客户，只要对成交有利，不妨尽量不要违背他们的意愿。谈判者需要有极大的耐心，面对这类客户的情绪发泄，要懂得巧妙处理，千万不要寸步不让，针锋相对。

不过，在面对气势汹汹的谈判对手时，还需要把握一定的原则。

1. 做好准备工作

在谈判时，需要考虑的因素并不是只有价格一个。有经验的谈判者从来不会指望遇到的所有对手都是很好说话的，他们会充分考虑所有的可能性，并事先做好充足的准备工作，设定一个清晰的底线，在谈判期间尽可能多地创造利用可变因素。这样，即使遇到一些难以沟通的对手时，他们也可以快速地找到解决方案。

2. 冷静

如果客户已经进入了自己固有的思维方式里面，那么强行压服是无法令对方动摇的，反而会让对方越来越强硬。因此无论对方是蛮不讲理还是仗势欺人，或者死缠烂打，谈判者都应该时刻保持一个清醒的头脑，耐住性子去倾听对方所说的话，然后从中找到可以为我所用的信息，将谈判带进自己的节奏，同时将对方的怒气化解掉。

3. 把最难办的问题留到最后

先从简单问题入手的优势是容易获得对方的认同，让双方达成一致。当简单的问题一个接一个地被解决掉的时候，客户的心中自然会逐步形成一个"是"的惯性，那么当他在遇到较难的问题时，也会习惯性地表示同意。这样，当谈判进入关键的阶段，在面对最棘手的问题时，这种惯性思维会把对方心中的一部分抗拒抵消掉。

4. 转移话题

如果对方在某一个问题上死缠烂打，咄咄逼人，而且看起来有长期僵持下去的趋势，谈判者可以采取答非所问的做法，及时转移话题，把对方从当前的负面情绪中拉出来，让他放松心情，重新恢复冷静。

朱氏箴言

当对方气势汹汹地大吼大叫时，你可以先耐着性子，安静地聆听，等对方的发言暂告一段落的时候，再给出一个建议，但不要随便地朝对方点头。因为你在用心倾听的时候，会让对方感觉受到了尊重，而点头则感觉像是在鼓励对方继续发脾气，反而可能让对方的情绪更加激动。

投对方所好，更容易完成谈判的预期目标

在谈判中常用的一种策略是迎合对方的喜好，让对方在情感

和心理上都获得一定的满足，这样当你提出成交的条件时，对方就比较容易接受。

情景再现

有一家电城的王牌销售业务员经验非常丰富，他谈单经常是得心应手，顺风顺水。有人向他请教成功的秘诀，他给出的答案就是"静待时机，投其所好"。有一次，家电城来了一位正在装修房子的客户，他需要给新家配备全套的电器，可是一连看了好几家店都没有找到满意的商品。客户在走进这家家电城后，依然是草草地看了一圈后就打算离开。这位业务员仔细观察了一阵，发现这位客户的举止优雅，气质出众，衣着考究。业务员还发现，客户在和其他业务员交谈的时候，都是在仔细考察、询问了电器的功能和设计后马上就放弃了。业务员的心里有了数，就把他叫住了："先生，我们这里最近新到了一款高档电器，而且还可以提供定制的服务，您要不要看一下？"

客户停住脚步，点了点头。随后这位业务员便带着他去看了那款家电。这是一套从国外原装进口的定制家电，欧式风格，外观高档大气，功能也十分实用。而且最关键的是，假如客户对这套家电现有的款式有任何不满意的话，厂家还可以根据客户的要求进行个性化的定制。客户十分感兴趣，认真地听完了业务员介绍定制服务的相关细节。业务员见状，马上提出他可以帮客户定制一套功能更完善、外观也更好的家电。接下来，他花了半个小时的时间，和客户一起沟通了他想要的家电的具体细节，最终成功地拿下了这笔几十万元的订单。

谈 判 之 道

这位业务员之所以能完成交易，让对方心甘情愿地下单，就是因为他成功地找到了对方的需求点。他弄清楚了对方想要的是什么后，能够设身处地为对方着想，站在对方的角度去分析问题，让对方明白事情对自己有利，自然能够完成预期目标。

要想说服他人，就要首先获得对方的认可，投其所好，然后巧妙地引导对方，等到时机成熟时就抓住机会展开谈判，迅速达到目标。因此，谈判者在和对方进行谈判时，应该多用心观察，先从心理上打动对方，再让对方做出妥协。

1. 发现对方值得称赞的地方

很多时候，谈判之所以无法顺利进行下去，并不是因为谈判的参与者没有利益上的需求，而是因为他们在情感上没有获得满足。此时谈判双方只有建立起共鸣，进行良好的沟通，才有可能取得最后的成功。一个有经验的谈判者会努力发现对方值得称赞的地方，向对方表示理解，并真诚地赞扬对方、肯定对方，诚恳积极地征服对方的心。

2. 找到对方的软肋

攻克一个人的最佳切入点就是他最在意的地方。在谈判中，有经验的谈判者会千方百计地去打听对方的喜好，从而一举将其拿下。由此可见，想要真正地扭转谈判局势，让对方自觉自愿地做出妥协，就要建立在了解对方喜好的基础上，找到最能打动对方的地方，然后对症下药。

朱氏箴言

采取投其所好的策略时，谈判者可以在谈话中加入一些"我和您一样……"或者"我也觉得……"等语言，这种表述方式可以很好地利用人们的趋同心理，较容易获得对方的认同，接下来的说服工作就会变得更加容易。

采取温和绵软的方法，克制对方的强硬态度

在谈判中，难免会遇到这样一些对手，他们时时防范，拒人于千里之外，他们的要求涉及交易的各个方面，甚至还会对相关人员进行严格的调查，以便确认其可信度。一旦涉及利益，他们就变得态度恶劣，蛮横无理，锱铢必较，且手段强硬，即使出现一些细微的破绽和反对意见，他们也会表现出强烈的怀疑和对抗情绪。这样的对手常常让人不知所措，难以应付。当谈判出现僵持的局面或是对方坚持不肯让步的时候，采取一些温和柔软的方法来克制对方强硬的态度，用微笑和诚意顺从应对，往往可以收到出奇制胜的效果。

情景再现

有一位先生的汽车出了故障。他稍微懂一些修车知识，可是并不确定是哪个地方出了问题，于是找了一家汽修店进行检测。他并不打算在这里修车，然而没想到，当他做完了检测正准备离开时，店里的修车师傅却要求他支付检测费。

这位车主一听马上火冒三丈："有没有搞错？我只是让你们检查了一下，什么维修都没做，你却要我付检查费，真是岂有此理！"

修车师傅不甘示弱："大哥，您也是常开车的人，我想您应该明白汽车维修首先就要检测问题出在哪里，特别是像您这种原因不明的故障，更需要技术人员有高超的技术和经验。我们的价格是完全符合行业标准的，并没有乱收费。"

这位车主仍然强硬地说："什么行业标准？还不是你们说了算。反正我不会付钱的，我又没有做维修，为什么要付费？你如果坚持要向我收钱，我就马上报警，你自己看着办。"

修车师傅说："您的意思是，您宁可报警，也不想和平解决问题了？"

这位车主顿了顿："我当然也希望能够和平解决问题，可是你们的价格真是太高了，我以前只是换了一块挡风玻璃，你们就向我收了一千多块，这也太不合理了。"

修车师傅说："您说得对，这个价格确实不便宜，但我们的配件价格都是统一的，您可以回去在我们进货的官网上查到每一个配件的价格。您也知道，就算是同样的配件，质量不同，价格肯定也会有差别。好产品的质量有保证，使用的寿命就比较长，如果是普通的甚至假冒伪劣的产品，用不了多久就又要换。所以算下来，我们这里的配件虽然价格高了一点儿，但总体来说还是值得的，您尽管放心。"

车主听完后点了点头："好吧，那就这样吧，你给我打点折扣吧。"

最后，修车师傅给了车主一点优惠，他在强硬的对手面前，以柔克刚，兵不血刃地达到了目的；这位车主付了钱，也如愿以偿地拿到了优惠折扣，双方皆大欢喜。

谈 判 之 道

百炼钢终抵不过绕指柔。当自己形势不利或处于弱势地位时，最好的策略是避敌锋芒，以柔克刚。在谈判中也是一样，对那些强硬的对手，有经验的谈判者从来不会针尖对麦芒，而是选择冷静克制，温和以对。

1. 倾听、观察

面对态度强硬的对手，无论对方怎么说，有效的应对措施都是倾听和观察，最糟糕的方法就是针锋相对地与对方争辩、反驳。谈判者应该始终保持冷静和镇定，认认真真地听完对方说的话。在这个过程中，谈判者要时刻观察对方的言行举止，弄清楚对方的态度是因为想故意压价，还是性格使然，然后再采取相应的策略。

2. 打感情牌

在必要的时候，谈判者也不妨打打感情牌，比如吐槽自己工作的不易、公司严格的管理制度等，请对方予以帮助并让步，以此打动对方。谈判者在谈判中也可以陈述自己的难处、谈判的艰难、公司的规章制度、夸奖对方所取得的成绩等，赢得对方情感上的共鸣，让对方在感动之余做出相应的让步。不过需要注意的是，在打感情牌的时候一定要把握好尺度，千万不要卑躬屈膝，甚至丧失尊严，这样做不仅达不到目的，反而适得其反，遭到对方的轻视。

3. 明确指出他们的行为不当之处

面对态度强硬的对手，也不能一味地容忍退让。谈判者可以明确指出他们的行为，将对方的不当行为变成一个争论点。例如，面对对方的威胁，你可以这样说："我们的谈判应该建立在共赢的基础上，而不是相互威胁，我认为我们应该重新开始谈判，您意下如何？"面对这样的指责，哪怕是再强硬的对手也会沉默下来，不会继续威胁。

4. 确认对方的意图

这一点十分重要。因为强硬派的对手最喜欢用的一招就是"我的条件就是这样，你如果接受我们就成交，你如果不接受，那就算了"。可是在很多时候，当你反问他们："请问您的意思是，哪怕我们给出的价格和您的开价只差 10 元钱，您也不会答应，是吗？"他们的态度就会变得有些动摇，起码不会很坚定地告诉你，自己一定会放弃或是一定会坚持，而是会抛出一些带有条件的回答，比如"现在这个价格有点高了"。这也就意味着，对方所谓的最后通牒未必是真的。有经验的谈判者要及时确认对方的意图，多问一句："那么您是说，如果……我们就可以达成协议，是吗？"

5. 脸要笑，话要软

在这种情况下，谈判者应该牢牢记住，无论对方说什么，自己都要做到脸上带笑、话语柔软亲切。这样哪怕对方再强硬，也不会维持很长时间，一旦对方的态度出现松懈，那就是己方反击的最佳时机。

朱氏箴言

无论在什么时候，好听的话都是适用的。面对强硬的对手，打动对方的最好方法莫过于说："您真是太厉害了。""谢谢您的支持和理解。"前者是对对方的夸奖，而后者则是对对方所做让步的感谢。两种话术连在一起用，可以有效地将对方的强硬态度消解于无形之中。

随时作势离开，帮助你有效扭转谈判局面

在谈判桌上，坚持和毅力未必能带来好的结果，有时候无谓的坚持甚至让自己陷入被动的局面。一个有经验的谈判者不仅在

遇到挫折的时候会坚持不懈，也要选择恰当的时机摆开一副随时离开的架势，以提醒对方"如果你继续这样下去，那么我会放弃谈判"。

情景再现

一家化肥厂计划搬迁，新厂址在一个小镇的一片空地上。这里地势开阔，道路四通八达，交通十分便利，离原料的产地也近，而且附近周边有很多农户，对化肥有很大的需求，在这里建化肥厂是非常适合的。此前，化肥厂的负责人已经和相关的工作人员进行过协商，许可证也批下来了，并且已经开始了筹备工作。没想到关于土地的租金问题，双方却出现了分歧。

在最后的一次谈判中，镇上的工作人员听完了筹备工作的介绍后，立刻一口回绝："你们这样做会对这里的环境造成破坏，你们给的租金与我们承担的风险不对等。非常抱歉，我们不同意和你们合作！"

听完这话，化肥厂的负责人既惊讶又气愤，因为在这之前，化肥厂就已经进行过多方面的考察，确定这里适合建化肥厂，而且原料、设备、人员等都已经全部准备就绪。对方在这个时候提出拒绝合作，明显是故意刁难，因为这意味着厂方之前投入的大量资金、人力和物力都付之东流。

化肥厂的负责人听完镇上工作人员的话后，猛然站了起来："我们之前早就已经协商过，而且你们已经同意建厂，并且许可证也批了，到了现在这个时候才来说破坏环境，要从头开始。为了建这个厂，我们之前看过的可不止这一个地方，我们只是考虑到大家是老朋友了，才选择和你们合作。我们认为在这里建厂对我们双方都是有好处的，你们不仅收到了一笔不错的租金，而且还顺便解决了就业的问题，而我们也可以挣到钱。如果你们坚持不同意，那这事也只能到此为止，我们要赶紧去另找地方，告辞了！"

说完这番话，这位负责人立马站起来转身出门，与他同行的人员也一起站起身准备离开。

镇上的工作人员见状，连忙起身拦住对方："等等，别那么性急，凡事都好商量！我们还是坐下来再好好谈谈，怎么一起来解决这个问题。"因为这件事情对镇上无疑是有利益的，还可以为周围的农户提供便利，这样的机会，他们自然不会轻易放弃。

于是，当双方重新坐回谈判桌上的时候，谈判的成功就变得顺理成章了，双方最后只是将租金略微上调了一点点，就愉快地在协议上签了字。

谈 判 之 道

在谈判中，如果你的表现让对方产生一种"你只能赢不能输"的感觉，你就输了；反之，假如你在充分表达了自己的合作诚意之后，又得不到对方的认可和让步，那么摆开随时会离开的架势可以有效地帮助你扭转谈判的局面。这是因为，只要你摆出了这个姿态，那么摆在对方面前的选择就只剩下了两个：要么让步，要么结束谈判。在绝大多数的情况下，对方也不愿意眼睁睁地看着谈判破裂，于是通常就只能选择让步。因此，在这种情况下，"曲线救国"要比"霸王硬上弓"的效果好。

1. 假装离开

有经验的谈判者会以假装离开的行为告诉对方："如果我想要的东西你不肯给，那我只好选择放弃。"这样，谈判者往往可以一举扭转乾坤，使谈判得以顺利进行下去，并很快达到目标。

2. 用于有强烈成交意愿的对手

不过，使用随时准备撤退的方法也有局限性，它只能用在当对手的成交意愿比较强烈、有明显的需求的情况下。反之，倘若对方的成交愿望并不是那么强烈，那么此时贸然离开只会加速说明结束，根本不可能扭转局势。

3. 离开前抛下诱饵

对于谈判者来说，离开只是一种以退为进的策略，最终的目的仍然是促成交易，得到自己想要的价格或条件。因此，谈判者在假装离开之前一定要抛下诱饵，再次声明自己的立场和利益点所在。正如上文案例中的化肥厂负责人一样，他在离开之前就明确地告诉对方两个关键问题：解决就业和收取租金，而这两点恰恰击中了对方的要害，对对方有巨大的诱惑力。通常来说，谈判者把利益表述得越重要、越明确、越有吸引力，就越能引起对方的兴趣，迫使他做出一些有利于成交的让步。

朱氏箴言

　　在谈判中，当你的对手提出一些非常苛刻的要求时，作为一个出色的谈判者，可以把对方要求的不合理之处明确指出来，重点强调双方的合作可以给对方带来的好处。然后就可以摆出一副随时离开的态势，先批评、打压对方的气势，紧接着再告诉对方，促成合作后有利可图。最后再用行动告诉对方，如果对方坚持他们的不合理要求，那他就会失去本来唾手可得的好处。

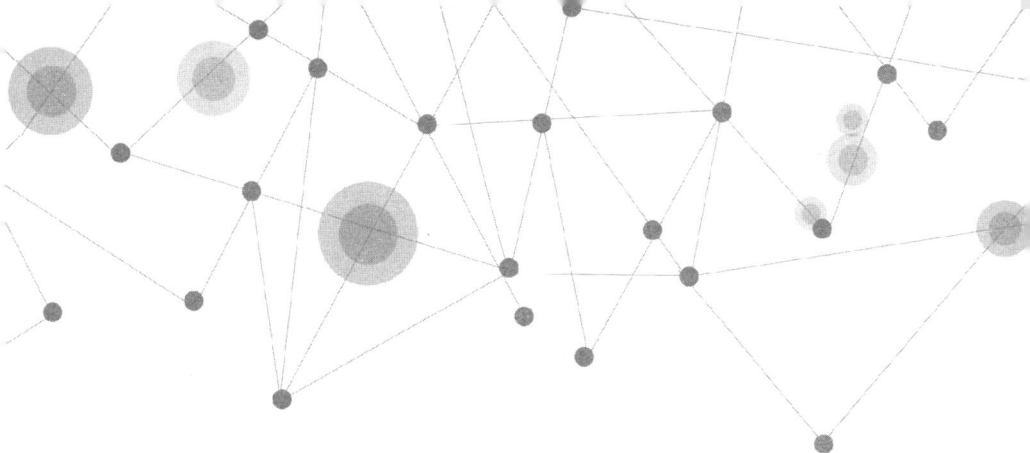

第八章　灵活排除谈判的障碍，别让僵局变结局

　　在商务谈判中，由于谈判双方的观点、利益存在一定的差距，在讨价还价的过程中难免出现各种各样的问题，这就是谈判的障碍。当谈判双方各执己见、互不让步，甚至争执不下时，就形成了谈判僵局。因此，为了使谈判能够顺利地进行下去，谈判人员应该运用技巧排除谈判障碍，并且在不损害己方利益的基础上正确处理性质严重的谈判僵局。

努力寻求和解，避免势不两立的僵持

谈判的走向会受到人的因素影响，情绪、利益冲突、条件失衡等因素都可能导致谈判失败。例如，有时候谈判者在面对锱铢必较、脾气火暴又毫不退让的对手时，会觉得无法与对方沟通，或者是坚决不接受对方的条件，而选择势不两立地僵持。

对于谈判者来说，谈判的过程中难免会遇到对抗的情况，可是我们应该杜绝发生僵持的状况。在矛盾冲突中，如果双方陷入了僵持的状态，那么就好似火上浇油，矛盾会越来越激化，从而使谈判面临破裂的窘境。在面对矛盾时，一个有经验的谈判者会努力寻求和解与平衡，尽量避免僵持，给谈判留下后路，从而推动谈判顺利进行。

情景再现

有一家机械厂为某医药公司提供了一批设备。双方在签订了合约以后，设备的制造图样就立刻提交了申请，并得到批准，设备很快就投入生产。

医药公司的老板事后跟他的朋友们聊天时提到了这件事，他的朋友们对此提出了许多看法和主意，有的说这种设备的返修率偏高，有的说它的技术过于老旧。老板听了朋友们的议论，开始感到有些担心，对自己购买这批设备的决策产生了怀疑。于是他很快找到了当初与自己签约的机械厂部门主管，提出自己拒绝接受那批正在制造中的设备，甚至还指着主管疾言厉色地吼道："出了这样的事，你说怎么办吧?"

主管见状，开始认真地回想当初的谈判过程，发现自己并无过错，而产品质量本身更是不存在问题。他很快明白过来，这完全是由于客户和他的朋友们不清楚这些设备的生产制造过程才造成了这些误会，可是如果他把这些话直接讲出来，非但不太合适，反而会对这笔交易的后续工作带来严重影响。经过一番深思熟虑，他决定保持克制，平心静气地对客户说，不管他有什么想法，自己都可以按照他的要求办，并且拍着胸脯向对方保证："你出了钱，我当然要给你适用的东西。如果你坚持认为你是对的，请你再给我一张图样。尽管由于进行这项工作，我们已花掉了2万元。但我宁可再花2万元，把正在进行中的那些工作取消，重新开始做。不过我们必须有言在先，如果现在按照我们的计划进行生产，以后出了什么差错，我们会负全部的责任；如果我们按你给我的图样生产，以后出现问题的话，那责任在你方，我们不会负任何责任。"

听完主管的这一番话，客户的怒气渐渐消了，他低头思索了一阵，最后说："好吧，那还是按照你们的计划进行吧，如果有什么不对的话，也只能听天由命了。"

事实证明，这位部门主管的计划没问题，后来这个客户又接连向他订了两批货。

谈判之道

在上面的例子中，这位部门主管面对对方消极的态度和语气，没有选择针锋相对，而是想方设法先缓和对方愤怒的情绪，然后再详细解释清楚事情的原委，委婉地指出对方的错误。任何有经验的谈判者都会在面临冲突的时候选择忍让，不与客户争辩。因为他们十分清楚，即便是在争执中获得了胜利，客户也不一定会甘心，况且谈判的终极目的并不是要弄清事情的是非曲直，而是要追求双方都能够获利的局面。所以，谈判者必须要善于把握谈判的气氛，注意疏导双方特别是己方人员的负面情绪，只要化干戈为玉帛，谈判就能最终获得成功。

在谈判中，有经验的谈判者要注意以下几点。

1. 不怕道歉

如果是你做错了，就要诚恳地向对方道歉，以取得对方的谅解。就算是客户的错，你也可以先对对方的观点表示同意，然后再提出自己的观点，让客户在不知不觉中接受你的观点。要知道，适当的道歉并不会让对方轻视你，只要你的表述合理，就可以打动对方。

2. 先认同对方，再说自己的观点

无论在什么情况下，谈判者在面对争议时都要先对对方表示认同，然后再说出自己的观点。例如，如果对方嫌柜子的颜色太暗，你可以这样说："您的观点我能理解，不过您要知道，暗色的柜子比浅色的更容易打理，浅色柜子上只要稍微沾上了一点的污渍，就会看得很明显。而且您房间的整体装修风格跟这个色调很搭配，看上去也十分大气，如果换一个颜色，可能效果就不一定这么好了，您想想是不是？"这样做的好处是可以最大限度地安抚对方，使其摆脱负面的情绪，同时也使自己摆脱可能会产生的对峙。

3. 调整自己的情绪

如果你觉得无法控制自己的情绪，不妨起身去为客户或自己倒一杯水，或是拿起纸笔把对方的问题和不满记录下来，冷静地想一想他所说的理由是否成立，从而利用这段时间让自己的情绪迅速平静下来。

4. 用利益说话

没有人会拒绝利益的诱惑，而且谈判本来就是为了追求利益。在面对分歧的时候，利益就是能够避免对峙的有效武器。谈判者可以时不时强调一下对方在这次谈判中可能获得的利益，让对方明白，只有保持心平气和、进退有度，才能够真正保障自己的利益。

朱氏箴言

当对方情绪激动，有经验的谈判者不妨微笑着告诉对方："你能告诉我是什么问题让你觉得不舒服吗？""我要怎样做，你才会觉得好受一点？"诸如此类带着关心与理解的语言可以很好地安抚对方的心。

当谈判陷入僵局时，不妨讲个段子

众所周知，幽默具有一种神奇的力量，王蒙先生曾经说过："幽默是一种成人的智慧，一种穿透力，一两句就把那畸形的讳莫如深的东西端了出来。"在谈判桌上也是如此，当谈判陷入僵局的时候，如果谈判者讲点幽默段子，灵活运用一些诙谐的表达方法和技巧，往往就可以轻松化解谈判中剑拔弩张的紧张局面，营造出一种和谐友好的氛围，拉近双方的关系，使对方在开怀大笑中，不知不觉地就接受了原本非常抗拒的方案。

情 景 再 现

某推销员去拜访一位潜在客户，那位客户一见面就大为光火："怎么又是推销贴膏的！你们公司的推销员前几天才刚刚来过，全都被我拒绝了！我讨厌贴膏！"

"是吗？不过我肯定比前天来的那位同事帅多了吧！"

听完推销员的这句话，对方不禁被逗乐了："你这人说话还挺有意思，这么风趣幽默。"

"可不是吗？而且，在我这副英俊帅气的外表下，还隐藏着很多智慧呢！只要您给我30分钟的时间，您就会知道我和那位仁兄的区别在哪里了。"

客户更是乐不可支，推销员也跟着他一起哈哈大笑，客户刚才的抗拒感就此烟消云散。最后，这位一开始大喊着讨厌贴膏的客户下了一个大单子。

谈判之道

这位推销员之所以能够最终达到销售贴膏的目的，就是因为他一开始运用了风趣幽默的语言，消除了和客户之间的紧张感和陌生感，在双方之间建立起了一种良好的谈判氛围。

幽默是人情感的自然流露，它可以让对方卸下原有的心防，打消人与人之间的隔阂，它甚至可以像润滑剂一样，把原本僵持对立的气氛缓和下来。一句恰当的幽默话语，可以十分有效地表达出谈判者内心的真实想法，令双方在不知不觉之间就消除了误会和纷争。由此可见，在谈判中出现问题时，恰如其分运用幽默的方法确实很有效。

1. 说说自己身边发生的事

在谈判中使用幽默是需要一些智慧的。最好不要讲那些听来的笑话，因为这些笑话对方很可能已经听过，早就没有了新鲜感，自然也就不会觉得有趣了。你可以说一些发生在身边的趣事，这样就可以保证笑话的新鲜感，让对方开怀大笑。

2. 自我调侃

自我调侃就是拿自身经历开玩笑，上面例子中的推销员就是采用这种方式才打动了客户。需要注意的是，在对方难过的时候千万不要开玩笑，更不要开与宗教、政治、种族等相关的玩笑，在公开场合或重要客户面前谈论这些话题无异于自找麻烦，轻则引起对方不满，重则会让对方感到厌恶，简直是得不偿失。除此以外，还要切记不要嘲弄他人，这只会引起对方的反感。自我调侃才是最安全的幽默形式。

3. 夸张幽默

谈判者也可以利用丰富的想象夸张地说话。有一家建材城的老板和装修队负责人就一批建材谈判，可是价格却怎么也谈不拢。装修队负责人逐渐失去了耐心，直截了当地要求对方再优惠1万元，不然自己就不买了。这批建材的利润本来就不高，再便宜就要亏本了。于是，建材城的老板一脸严肃地问："张哥，你真的要再优惠1万元?"张哥肯定地点点头："你再给我优惠1万就成交了。"建材城老板苦着脸说道："哦，天呐，真是遗憾，你明天就见不到我了。"装修队负责人惊得张大了嘴巴，不知道这句话是什么意思。建材城老板无奈地把手一摊，说："我给你的价格已经是跳楼价，现在你还让我给优惠，那我真的要跳楼了，明天你肯定是见不到我了。"装修队负责人这才恍然大悟，随即哈哈一笑说："好了好了，算你厉害，那你送我一桶漆吧，这个要求总不过分吧。"就算真的是跳楼价，建材城老板也不可能因此真的跳楼，但这种夸张的说法将原本严肃的讨价还价变得轻松了许多，对方自然也就更容易接受了。

4. 声东击西

所谓声东击西的方法，就是一种顾左右而言他的表达方式。一位老太太在学唱歌，兴致很高，可是冬天天气很冷，她不方便出门练嗓，于是她就天天在自家的房间里练习。她老伴实在不胜其烦，多次劝说却无效。这天，两人又因为这事吵了起来，老太太对老伴的抗议置若罔闻，老伴无奈之下直接把家里的大门打开。老太太问道："你要干什么？"老伴回答道："我想让邻居知道是你在唱歌，而不是我在打你。"老太太听了，虽然心里还是很生气，但嘴上却没说什么。从那以后，她就很少在房间里唱歌了。这位老伴的话就是一个很高明的幽默手法，实际上是在讽刺老妇人唱歌像被人打了一样难听。这种方式的妙处就在于表面上说的是一件事，实际上却是在说另一件事，即便是语带讽刺，口气也并不会那么激烈，不会引起他人的反感。

5. 利用夸张的身体语言

在很多时候，夸张、滑稽的身体语言会比语言更有笑点，因此谈判者如果能够结合身体语言去进行幽默的表达，效果会更好。有一位谈判者在谈判桌上听到对方说："算了吧，咱们就不要浪费彼此的时间了，这种条件我方是不可能接受的。"他听完这句话后，立刻靠在桌上，大笑起来，好像刚刚听到了一个十分滑稽的笑话。对方对这一阵突如其来的大笑猝不及防，一时呆住不知所措。就在这个时候，这位谈判者才直起身子，微笑着向对方道歉："实在不好意思，刚才这情景实在是太熟悉了，所以我忍不住要笑，因为以前也曾经有人这样对我说过，您知道他最后是怎么和我们合作的吗?"听完这些话，对方也忍不住笑了起来。接下来，这位谈判者结合对方的诉求，列举出己方方案的所有优点，并把对方的现状逐一列出。最后，对方做出了让步。看上去他什么都没有做，可恰恰是他的肢体语言使得他的语言具有了笑点，成功地把对方的注意力吸引了过去。不过，需要注意的是，使用肢体语言的时候要注意把握分寸，切忌夸张过度。

6. 根据对方的心理状态和性格

有经验的谈判者还会根据对方当时的心理状态和性格类型去采取行动，在客户难过的时候他们一定不会去开玩笑，更不会在那些不苟言笑的客户面前开玩笑，因为那样会让对方觉得自己轻浮、不可靠。此外，在那些性格较为刻板的人面前也不要随便开玩笑，免得在自己讲完笑话后，却得到一片沉默，那样场面会很尴尬。

7. 围绕目标进行

幽默的最终目的还是促进销售，如果满嘴跑火车，为了搞笑而搞笑，那在别人看来只不过是浮夸油滑的小丑。因此，使用幽默的时候一定要有的放矢，始终围绕既定的目标去进行。

朱 氏 箴 言

在谈判时，谈判者还可以抓住对方话里的小辫子"添油加醋"。例如对方说："我们并不需要这种机器。"你就可以接上他的话茬："你们不需要这种机器，那是跟钱过不去喽？"这种方法的好处在于，只要对方开了口说话就可以使用，让对方无从摆脱。

面对对方挑衅，沉默就是最好的武器

在跟别人谈判时，有一些谈判者总是想展示自己滔滔不绝的口才，不懂得保持沉默，让对方把要说的内容说完。其实，沉默也是一种力量。在面对挑衅和恶语相向时你需要针锋相对，以牙还牙，也需要保持沉默。这种无言的回敬往往会使对方自知理屈，自觉无趣，从而获得比强词辩解更佳的效果，可以将谈判从相持不下的困局里解脱出来。

情景再现

1996 年 6 月，中美两国进行了一场艰苦卓绝的贸易谈判。这场谈判对于双方都有着十分重大的意义。如果谈判成功，双方就将建立起一个较好的贸易关系，可是一旦谈判失败，两国将会互相采取大规模的贸易报复行动。美方在谈判的一开始就不断地指责中国。美方代表说得口沫横飞，言辞激烈，气势咄咄逼人，企图利用气势上的压力迫使中方做出让步。但是，在他们发言的整个过程中，中方代表始终一脸平静，一言不发，只是静静地看着对方，听对方讲。一直等到对方声嘶力竭地吼了很长时间，不得不气喘吁吁地停下来时，中方代表才轻描淡写地来了一句："先生，您的语速实在是太快了，一下子说了这么多内容，我没有听懂您刚才都说了些什么，请您再重复一遍好吗？"

美方代表一下子呆住了，不由得面面相觑，气势一下子泄了，只得强压着心头的怒火，问道："你们究竟是哪里没有听懂？"

中方代表依然态度平和："你刚才说的我听得都不是很明白。"

美方代表既愤怒又无奈，只好把刚才说过的话又重复说了一遍。中方代表听完后仍然不置可否地看着对方。

美方代表的态度只得软了下来，筋疲力尽地坐了下来说道："好吧，那你们不妨谈谈你们的条件吧。"

谈 判 之 道

就这样，美国人的愤怒就好像火山爆发一样，虽然强烈却十分短暂，难以为继。在中国人的沉默面前，他们就像拳头打在棉花上一样无处着力，渐渐地自乱阵脚，失去了斗志和信心。

所以说，在对方的挑衅面前，沉默就是一个最好的武器。有经验的谈判者常常用它来快速消除语言传递中的各种障碍，帮助己方整理思路，也促使对方在无处着力的困境中重新调整情绪，正确面对谈判。不过，运用沉默谈判法的时候需要遵守一定的规则。

1. 注意时效性

沉默的最高境界是不发一言而道尽心中所想。不过沉默也不是一味地不说话。沉默的时间如果不够长，就不足以让对方冷静下来。可是如果滥用沉默，不分情况地故作高深，就有可能让对方醒悟过来，有了重新调整策略、做好心理准备的机会，这样形势就会朝不利于己方的趋势发展。所以，有经验的谈判者会懂得适当地控制沉默的时间，在对方的挑衅气势开始平静、话语告一段落的时候给予对方回应。

2. 拥有必要的耐心

如果想要达到良好的效果，在保持沉默的时候就一定要学会耐心等待，无论对方如何气急败坏、言辞激烈，你都要注意保持温和的语气和冷静的神情，不要被对方的话所激怒，免得前功尽弃，反而受到对方的牵制。

3. 适时点拨对方

沉默的最终目的是把对方的既定方案打乱，使对方自乱阵脚，从而让己方可以在谈判中占据主动地位。因此，在使用沉默的策略时，有经验的谈判者会适时地点拨对方，用提问的方式扰乱对方的谈判思维，最终达到控制对方，掌握谈判局面的目的。

朱氏箴言

在沉默的过程中，你可以直视对方的眼睛，即使对方避开了你的目光，你也可以看着他，直到他开口发言为止。这样做既可以给对方施加一点压力，还可以随时观察对方的反应。

扭转失控场面，发怒只会失去更多

有时候，当谈判进行到关键时刻，双方可能会陷入白热化的状态，使得场面失控。其中一方咄咄逼人，另一方也"义愤填膺"，双方针锋相对，互不相让，拍桌子跳脚、吹胡子瞪眼，搞得面红耳赤，最终导致谈判破裂，不欢而散。无论是谁的原因，在场面失控的时候，任何火上浇油的行为都是不明智的，那样只会破坏谈判，损害双方的利益，损人不利己。

情 景 再 现

某生物科技有限公司的业务员在和客户协商成交价的时候产生了较大的分歧，业务员按照市场价格报价，可客户却觉得他报的价格虚高了，企图从中牟利，当面指责他做人不厚道。这位业务员再三解释都无效，满腹委屈之下，他的怒火逆发出来，愤怒地朝客户吼道："我做人怎样也轮不到你来评价！"客户听到这话就更气愤了，攥紧了拳头站起来挥舞着，暴跳如雷地说道："我和你们公司也不是第一次合作了，没想到你居然为了一点点小利益，擅自抬高价格，而且还不承认，我真没见过做人这么差劲的业务员!"业务员更是怒不可遏,当着同事的面在办公室里朝对方破口大骂,差点就要动起手来,所幸同事及时把双方拉开,才没有酿成大祸。这件事最终导致这位客户从此放弃了与这家贸易公司合作,该业务员也被上级叫去狠狠地训斥了一顿,然后不得已离开了公司。

谈判之道

在这场交锋中,双方由于情绪失控最终造成两败俱伤,这样的谈判结果可谓糟糕至极。有经验的谈判者在谈判的时候,即使遇到场面失控,也会做到有礼有节,运用有效的手段向对方表示自己的同情和尊重,用自己的从容不迫、镇定自若去影响对方;换一种更加委婉的说法来表述自己的观点和主张,用自己的真诚修复原本相互防备的关系,扭转整个局面,使得谈判顺利进行下去。

1. 分清对方情绪的真伪

面对对方过火的言行,谈判者要懂得辨别真假,搞清楚对方是真的情绪失控,还是只是作为一种策略而故意表现出愤怒。如果是前者,你只需要对对方表示安慰、同情、理解,然后站在对方的角度去分析问题,用利益来打动对方,通常就可以让对方平静下来。如果是后者,谈判者就要把精力聚焦在眼前的问题上,不要被对方牵着鼻子走。这样既有助于谈判者控制自身的情绪,也可以准确地把握谈判的方向。

2. 掌握足够的信息

谈判者应该在谈判之前就把对方的性格特征、行事方式、利益诉求、谈判风格等信息摸清楚。正所谓"知己知彼，百战不殆"，信息掌握得越多，就越有助于谈判者保持冷静，然后根据对方在谈判中的动作、表情和语言等做出准确的判断。

3. 对事不对人

在谈判中，谈判者应该秉承实事求是的原则，将人和事分开，不管做什么决定，都应该坚持对事不对人。既不要被对方的情绪所左右，也不要被对方真真假假、虚虚实实的手段所迷惑，始终保持一颗清醒的头脑，保持冷静、客观的判断力。

4. 坚持正确的谈判动机

谈判的最终着眼点都是利益，而不是满足虚荣心或实现一己的私欲。在整个过程中，谈判者应该始终坚持正确的谈判动机，这样有助于让自己始终保持冷静，既不会因为对方的几句恭维话而自鸣得意，也不会因为对方的挖苦、讽刺、怒吼而暴跳如雷。如果能做到这样，自然也就可以在任何场面下克制自己的情绪。

朱 氏 箴 言

如果你陡然面对了一些令你感到愤怒的事情，你不妨暂时无视对方的言行，然后在心里告诉自己："生气发火也于事无补，只会让大家失去更多。"对方如果得不到你的回应，哪怕他再气愤也会觉得无趣，终会逐渐平静下来。

学会装傻充愣，躲开攻击的锋芒

当谈判陷入僵局时，如果双方对于分歧都不肯妥协，谈判进程就会陷入困境，谈判双方也会感觉十分难堪。虽然这样不一定会导致谈判的破裂，可是假如双方都拼尽全力去争取各自的利益，不肯做出让步，必然会严重影响谈判的进程。

因此，如果你把所有的聪明都表露出来，处处炫耀自己，会让失意的人更加感觉到自己的失意，进而影响到对方的情绪，也终将影响到谈判者自己的利益。而聪明的谈判者则深谙"难得糊涂"之道，他们会用装傻的策略来扭转谈判的局势。他们看上去似乎浑浑噩噩，实则心里明镜似的，看似雾里看花的迷离，实则有着隔岸观火的冷静。

情景再现

一家化妆品公司与国外一家公司洽谈一批化妆品的出口生意。这家公司是刚刚成立的企业，虽然它们所生产的化妆品在市场上有一些同类产品，然而这家外国公司却觉得与其他公司比较起来，这家公司的产品性价比更高，所以希望与其合作。

双方就该事宜已经进行了几次商谈，大部分细节已经敲定。到了最后的签约环节，这家外国公司却提出了不同的意见："此前我们考察过市场上其他公司的同类产品，认为贵公司的产品价格并不是最优惠，我们希望贵公司能将价格再下调一个点。如果我们能和贵公司合作成功，将会感到十分荣幸。"

　　谈判已经进行到这里，双方对彼此的条件都已经十分了解，外国公司正是据此判断对方需要这个订单，所以肯定会答应自己的条件。不料，化妆品公司的谈判代表却冷冷地回答："贵方应该知道，我们给出的价格已经是最优惠的了，对于贵方的这个要求，我们需要讨论一下。"

　　于是，双方的谈判暂时中断。过了一个小时以后，谈判再次开始，化妆品公司的代表一开场就直奔主题："我们已经按照贵方的要求重新制定了生产要求，请你们过目，如果没有问题的话，我们就签约吧。"

　　外国公司谈判代表愣了一下，说："我们提的要求不是这个，生产要求没有问题。"

　　接下来，双方又对生产要求进行了反复的商讨，又是两个小时过去了，双方仍然没有谈到价格问题。

　　又过了一会儿，化妆品公司代表才慢条斯理地问道："你们希望我们给个什么价格？"

　　外国公司代表问道："如果按照现有的生产标准，贵方是否能够再给我们一些优惠？"

　　化妆品公司把话题一转，提出己方可以帮助对方运输货物，并由己方承担一半的运费，外国公司代表接受了这个条件。就这

优势谈判：商务洽谈致胜秘诀

样，双方最终达成了这笔交易，其实，所谓的运费比起外国公司提出的一个点的价格优惠而言，根本微不足道。

谈判之道

面对外国公司突然提出的要求，化妆品公司谈判代表装了两次的糊涂：第一次是故意将对方说的降价的问题曲解为对方对生产要求有异议，成功地转移了对方的注意力；第二次是在对方已经明确说出降价范围的情况下，却故意装作没听到，再次询问对方，迫使对方重新考虑究竟是否真的要降低价格，除了降价之外，是否还有其他替代方案。最终，该公司谈判代表成功打破了对方的部署，也使得谈判摆脱了困境。

事实证明，在谈判中，"难得糊涂"是一套有效的制胜方法。必要的时候，你看起来越"傻"，处境反而会越好，最后所获得的利益也会越大。

1. 避实就虚，果断出击

当谈判陷入僵局以后，问题的关键就不再是怎样转移注意力，而是通过打击吸引对方的注意力，降低对方对当前问题的关注度，化干戈为玉帛。例如在上面的案例中，外国公司的要求明明是想要降价，而化妆品公司却故意将对方的注意力转移到对方没有异议的生产要求上，等到对方的注意力重新回到原来问题上的时候，其关注度已经比原先低了许多。因此，谈判者可以避实就虚，避开对方方案中的关键问题，转而去讨论对

·250·

方不那么重视的问题。

2. 明知故犯，将错就错

有经验的谈判者有时候明知道对方的观点是错误的，却故意不动声色，将错就错，迫使对方改变看法。比如，一位谈判者在谈判桌上遭到对方刁难："这都是什么机器，不是用来榨果汁吗？结果榨出来像拌糊似的，你让人怎么用？我怀疑你们产品的质量。"他听完后也不生气，反而笑呵呵地说："拌糊？这倒是个好主意，我们以后可以考虑给这款榨汁机加一个功能——拌糊。不过呢，就目前来说，这款榨汁机最大的好处还是……"榨汁机肯定不可能用来拌糊，可谈判者明知道这种说法是错误的，却依然接住对方的话头继续往下说。这种技巧的好处是可以很自然地消除对方的对抗意识，让他在不知不觉之中软下态度。

3. 睁一只眼闭一只眼

对于某些不违反原则，也不涉及己方关键利益的问题，谈判者完全可以睁一只眼闭一只眼，不要过分关注，也不要在这些问题上过多纠缠。听完以后不妨一笑置之，迅速转移话题，以免对方越纠缠下去，情绪越激动，从而影响谈判的进程。

朱 氏 箴 言

有经验的谈判者会选择在局面变得尴尬的时候假装糊涂，嘴里说着"我不知道""我不懂""我不明白你的意思"，可是心里却早已经打定算盘，在不动声色之间将对方的步步紧逼化解于无形，轻巧地绕开那些对己方不利的条款，在不知不觉中就把谈判话题引到有利于己方的交易条件上。

寻求第三方支援，保障谈判顺利进行

当谈判陷入了困境，无论采取什么措施都解决不了问题时，谈判双方往往容易觉得心灰意冷，甚至不再对谈判成功抱有希望。在这种情况下，一个能够有效扭转局面的方法就是引入第三方调解人或仲裁者。有经验的谈判者会及时寻求第三方的力量，从而保证谈判的顺利进行。

情景再现

在一场关于收购的谈判中，谈判的双方各自组织起了一支团队，各显神通，希望能够消除分歧，实现双方的共赢。然而这场谈判却一直持续了两个多月，始终没能达成一致，双方谈判人员都疲惫不堪。谈判似乎已经走入了死胡同，估计在很长的时间里都将处于这种让人无奈的状态中。经过再三权衡，甲方提议请第三方力量来帮忙，说不定会出现转机。乙方考虑了一下，也欣然接受了甲方的建议。后来，甲方找到了一位与该谈判无关的调解人，由他代表甲方继续谈判。

谈判再次开始以后，由于调解人对这次谈判的内容完全不知情，甲乙双方都将自己当前的情况对他做了介绍。听完介绍以后，调解人认为甲方提出的条件过于苛刻，应该在现有的基础上做一些让步。听完这句话，乙方觉得这个调解人可以信任。就这样，谈判的双方顺利将谈判继续进行下去，成功取得了共识，使谈判走出了困境。

谈 判 之 道

寻求调解人的谈判法与"红白脸"的谈判法异曲同工，其本质都是在双方之间引入一股新的力量。二者的不同之处在于，红白脸谈判法中的"红脸"或"白脸"是利益共同体，而寻求调解人的谈判法中的调解人则是独立于双方之外的第三方角色，与谈判中的任何一方都不存在利益关系。也正因为如此，调解人不会有先入为主的偏见，也不会戴着有色眼镜看待双方的信息，能够较为客观公正地提出建议。尽管调解人没有做出最终裁决，且没有判断是非对错的权力，但是他却能以第三者的角度，公平、公正地审视谈判双方的利益诉求和主张，帮助双方找到利益共同点，促使双方做出让步，最终促成合作。此外，引入调解人还有一个好处是，在一些谈判行为中，谈判双方可以在调解人的帮助下绕过法庭，把更多的精力和时间放在更重要的事情上。正是由于这个原因，在现实的案例中，引入调解人的谈判法的应用十分广泛，有经验的谈判者也经常通过这种方式来引导谈判摆脱困局。

不过需要注意的是，引入调解人的谈判法需要把握一些原则，才能够真正发挥正面的作用。

1. 保持中立

保持中立是调解人可以起到作用的前提和基础。只有做到中立，他所提出的措施和建议才有可能得到双方的信任和接纳。如果调解人偏袒谈判的任何一方，或者任何一方的谈判者对调解人的中立身份产生了怀疑，调解人就无法起到应有的作用。因此，谈判双方所引入的调解人必须是和自身没有利益关系，能够公平对待谈判双方的人。

2. 避免提前接触

调解人在正式介入谈判以前，应该避免和谈判各方进行接触，因为调解人和任何一方的亲密关系会破坏调解人的中立性。在谈判开始以后，调解人要声明自己的立场，同时告知双方，如果想调解成功，双方都必须做出让步，以免谈判再次陷入僵局。

3. 谈判双方表明立场

在谈判开始后，谈判双方都应该表明自己的立场，同时向调解人清楚地描述当前各自所面临的问题以及谈判的具体情况，然后再由调解人征求双方意见。在这个过程中，谈判双方的陈述都要保持真实、客观，而不能一味地争取调解人的支持。作为调解人，则应该在征求双方同意的前提下，对整个调解过程做好笔录，并且同时承诺，在调解过程中产生的所有记录最终都将被销毁，所有的相关信息都会保密，双方所做的任何陈述都不会被作为法庭证据。

朱氏箴言

谈判者在引入调解人后，可以提供书面材料给他，在材料中详细地向对方说明己方所面临的问题与处境。这样能够帮助调解人准确地找到双方的利益冲突点和共识，从而据此给出切实有效的建议。

恰当时机暂停谈判，稳定双方的情绪

在谈判的整个过程中，不可避免地会出现一些棘手的问题。例如，究竟是坚持原价，还是做出让步；是由某一方全权负责运输成本，还是双方共同承担；等等。谈判双方可能会因为某一个问题而相持不下，并导致双方的冲突愈演愈烈，甚至达到无法调和的程度。这时候，有经验的谈判者会选择先暂停谈判，使双方的情绪都先稳定下来，然后再适当调整自己的谈判策略。

情景再现

王涛是佐华达电器公司的一名销售员，他费了九牛二虎之力，向一家大工厂卖出了几台发动机。三周以后，他再次前往那家工厂销售，满心以为对方会向他再购买一些发动机。没想到那位总工程师一看到他就没好气地说道："王涛，我不可能再从你那儿购买发动机了！你们公司的发动机实在太差了！"

王涛感到十分惊讶，问道："为什么？"

对方生气地说："你们的发动机的温度太高了，烫得连手都没法碰。正常的发动机不应该是这样的。你们的产品质量有问题。"

王涛连忙解释道："周先生，您提的意见我完全同意，假如发动机的温度过高，确实是不太正常。"

对方接过话头，拍着桌子大声吼道："我们之所以会选择你们生产的发动机，是因为我们想试一下，可却没想到会是这样的结果，我以后绝对不会再和你们合作了！"

王涛看到对方的情绪十分激动，很快就意识到自己不能再这样跟着客户的情绪走，有必要想办法让对方先冷静下来，于是他决定暂时放弃和对方解释："先生，您的心情我十分理解，您先喝杯水，休息一下，过一会儿我们再来仔细研究一下为什么发动机的温度会那么高，您看可以吗？"

对方这才接过王涛递过来的水，在沙发上坐了下来，而此时王涛也开始思考到底是哪里出了问题。

过了 20 分钟以后，王涛也在对方的身边坐了下来说："先生，我们现在来聊聊吧。根据全国电工协会规定的标准，发动机的温度可以比室内温度高 42 摄氏度，是这样吧？"

"没错，但是你们的发动机温度肯定超过了这个标准。"

"请问你们车间的温度是多少？"

"大约是 43 摄氏度。"

王涛一听，马上就意识到了问题所在："照这样看来，根据标准，发动机的温度最高可以达到 85 摄氏度。您如果把手放在 85 摄氏度的热水龙头上，那肯定会感觉烫手的，不是吗？"

听完这话，对方想了一下，发现确实如此，于是他同意了王涛的说法，而且再次向他采购了一批发动机。

谈判之道

王涛仅仅利用了短短 15 分钟的暂停时间，就让客户冷静下来，而自己利用这段时间迅速重新整理思路，找到突破口。这种策略可以帮助谈判者控制做出妥协的步伐，分析自己所处的环境和位置，冷静地思考己方或对方的条件是否合理。它就如同一针清醒剂一样，能够让双方都重新审视谈判的进程，主动放弃不合理的诉求，从而在尽可能保证己方的利益的基础上推动谈判顺利进行。因此，选择恰当的时机暂停谈判，可以取得不错的效果。

1. 在对方情绪激动或双方僵持不下时按下暂停键

在谈判中，暂停的技巧屡试不爽，不过这种技巧的使用也需要掌握合适的时机。只有在对方情绪激动而且无法安抚的情况下，或是谈判的双方僵持不下、谈判即将陷入困境的时候，才能够发挥作用。更重要的是，这种方法只能在关键问题上使用。因为在这个时候，双方在其他的细节问题上已经达成一致，只要在重大的问题上做出适当让步就可以促成交易。在这种时候提出暂停，能够让双方都冷静下来，认真地分析思考是不是一定要坚持原有的观点。通常来说，在这个时候，对方提出的要求，只要在合理范围内，都不会遭到反对。反之，在谈判一开始就频繁地中断、暂停，对方会认为你并不重视这次谈判。一旦谈判陷入僵局，对方就可能另辟蹊径，使谈判彻底终止。

2. 重新审视谈判规则

通常来说，在谈判开始之前，针对谈判的目标、让步空间、争议处理等问题就会有一些明确的处理方案。可是随着谈判的进展，错综复杂的因素相互叠加，会使得谈判者逐渐偏离原有的规则，要么过早地让步妥协，要么让步的理由不够充分，要么实施细节不够清楚，这些都会导致谈判无法顺利地进行下去。在这样的情况下，谈判者就需要重新审视谈判规则，在可能的范围内做出一些调整，适当地满足对方的要求，这样才能打破僵局，扭转不利的形势。

3. 做出必要的让步

经过一段时间的暂停，双方的情绪都会逐渐冷静下来。此时谈判者可以做出一些微小的让步，给对方一点甜头，尽快地促成交易，才不会因为固执己见而错失机会。

朱氏箴言

　　暂停的时间长短可以视双方的具体情况而定，但也不要过长，只要双方的情绪已经稳定下来，就要尽快重新开始谈判，以免出现新的意外。

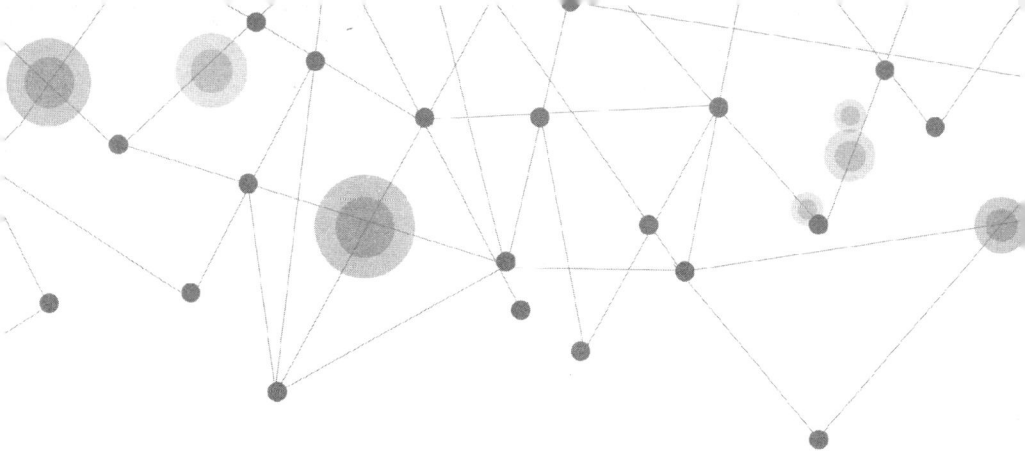

第九章　摆出双赢姿态，
让对方得到一些心理安慰

都说谈判讲究的是双赢，其实是否会双赢，跟双方的实力强弱及谈判技巧的对比都有密切关系。不过，即使你在实力和技巧上有绝对的优势，也要适时摆出双赢姿态，给对方一些也"赢了"的心理安慰，否则双方的合作关系就难以建立或维持下去。

只有关系对等，双方才能继续谈下去

谈判的双方只有平等对话，才能继续谈下去。因此，有经验的谈判者会把对方看成平等的个体，尽可能地互相包容，找到共同语言，在彼此之间建立起一座和谐沟通的"桥梁"，从而达成良好的合作。不仅如此，还会千方百计地给对方制造一种公平感，在一定程度上增加对方对此次合作的安全感。

情景再现

小赵刚刚入职了一家公司，在参加新员工培训的时候，培训老师说了这样一段话，让小赵印象深刻："我不管你从前的工作方式和工作习惯是什么样，但是来到我们公司，今后在面对客户的时候，你必须直接报出你的名字，平等地与对方相处，绝对不能故弄玄虚，自称'小李或小王'。你这样说，客户不但不会觉得你友好，反而会看不起你，以为你是在自贬身价，觉得你还年轻，资历不够。而且，如果你自称是小王，公司有那么多小王，客户没法对你留下印象，你在客户的心目中也不是独一无二的，那怎么可能赢得对方的尊重，又怎能获得谈判的控制权呢？可能你觉得这样可以让客户觉得双方关系亲密，可是你要知道，工作应该是寻求双赢的过程，你是在给对方提供机会和利润，用不着低三下四地去求别人，也没必要在客户面前充小辈。要知道，既然你是在和客户谈判，那么在这个时候你代表的就是公司，甚至说你就是公司老板也不为过。试想，谁会称呼一个公司的老板为小王呢？"

谈 判 之 道

确实，双方只有在平等对话、协商一致的前提下，才有可能促进协议的达成；反之，一切都将无从谈起。所以，有经验的谈判者从准备谈判的那刻起，就会正视谈判这件事情，从身份上将自己看成和对方一样：既不会把自己放在一个高高在上的位置上，也不会妄自菲薄、贬低自己。

1. 身份上的平等

有句话叫"不想当元帅的士兵不是好士兵"。而在谈判中，不想成功的谈判者不是一个好谈判者。一般来说，处于强势地位的谈判者通常希望自己牢牢地掌控局面，会使尽浑身解数，想尽办法让谈判能够往自己预期的方向发展。然而问题的关键在于，坐在谈判桌上的双方是平等的，没有高低贵贱之分。

2. 态度上的平等

在谈判中，谈判者要学会尊重对方，不要盛气凌人，一副趾高气扬的模样，企图把自己的观点和意志强加给对方。有经验的谈判者会采取专业、热情的态度对待对方，并用数据说话、用实物对比，向客户展示自身的优势，从态度上让对方感觉到尊重，而不是一副气势汹汹的样子。

3. 利益上的平等

有经验的谈判者还会保证双方有平等的权利和义务。因为他们很清楚，在谈判中每一方都应该有自己合理的利益，也都有权利去实现自己的利益。尽管讨价还价在所难免，可是无论双方有什么分歧，在追求自己利益的同时，也要充分尊重对方的合理利益，在不损害自身利益的同时，也尽可能帮助对方获得合理利益。

4. 将平等关系的信息传达给对手

要知道，在平等合作的前提下，谈判者的一举一动都会和对方息息相关，对方自然希望可以及时了解到相关的信息。商场如战场，身处其中的人们难免会处于高度戒备的状态。如果谈判者在传递信息时越过对方直接做决定，很容易会造成对方的猜疑和不信任。反之，如果可以从具体的事情上入手，将平等关系的信息传达给对手，对方会更容易信任你。

朱氏箴言

在谈判的过程中，谈判者在做决定之前，特别是这个决定涉及对方的利益之时，可以把重要的信息向对方再复述一遍。这样做的好处是既可以再次确认，以避免不必要的麻烦，同时也是一种向对方表达尊重的十分有效的方法。

抓住时机是取得谈判胜利的关键因素

在整个谈判过程中，有很多影响成败的因素，时机就是其中之一，它会对谈判的整个进程造成影响。例如，什么时候应该亮出自己的观点、什么时候应该报价、什么时候提出要求、什么时候让步、什么时候离开、什么时候拿出协议等等，这其中任何一个环节如果没有选择好时机，都有可能使谈判陷入僵局。毫不夸张地说，时机的选择可以决定谈判成败，也左右着谈判者能够获得多少利益。谈判者如果抓住了时机，就可以迅速促成交易，反之如果失去时机，则很可能从一开始就难逃失败的命运。

情 景 再 现

有一对士兵兄弟在一次战斗中被敌军俘虏了，他们的父亲希望能用金钱将他们赎回。但敌军对他说，他只能赎回一个儿子，在两个儿子中他必须选择一个，放弃另一个。这位慈爱的父亲内心十分挣扎，因为无论哪个孩子他都难以割舍，为了救回两个孩子他甚至愿意付出自己的生命。随着时间的流逝，他一直没有做出选择，最后他的两个儿子都被敌军处决了。

谈 判 之 道

一个在山脚下始终待着不动的人永远爬不到山上，一个看着机会不能当机立断的人最终只会失去机会。机会通常只有一次，稍纵即逝，谈判者一时的犹豫不决，只会让自己失去更多。因此，有经验的谈判者会时刻睁大眼睛，留心观察，正确地掌握出击和防御的时机，及时抓住促成协议的契机，使谈判在双赢的前提下朝着更有利于自己的方向发展，而绝不会让机会白白从自己眼前溜走。

1. 从言语中把握成交时机

一旦对方产生了购买愿望，从他的话语中就会显露出来，谈判者可以从中察觉一些端倪。通常而言，如果对方出现了以下的情况，也就是谈判者主动建议购买的好时机：

向你打听工期和履约时间；希望获得折扣，或者拿竞争对手的产品或服务与你的进行比较；具体、明确地提出了对协议的要求；询问单价，计算总价，并向己方进行确认；明确提出一些要求，希望你记下来，并询问你这些要求是否可以满足；询问自己需要办哪些手续；质疑你的信誉是否可靠；担心你们是否有完善的售后服务；主动询问付款方式；咨询交易的其他具体情况，如合同生效条件、后期协调问题等。

当对方的话语中出现关键信息时，你一定要及时帮助对方排除疑虑，促使他们尽快做出积极的决断。必要的情况下，你还可以引导、鼓励对方把他的疑问和顾虑都说出来，积极为他提供妥善的解决方案，并立刻建议他签订协议，比如"目前所有的问题我想您已经全都清楚了，如果您没有其他问题的话，我们只需要把这份合同签了，这件事就这么定下来了"。

2. 从肢体语言把握成交时机

所谓思想决定行为，对方的内心愿望会决定他的行为方式，所以谈判者需要具备一种能力，即通过对方的行为举止去判断他的心理活动。通常而言，对方的一些热情举动都表明对方有成交的意愿，比如以下这些：

不自觉地摊开手掌或伸开双臂，说明他对谈判者的推荐表示满意；把手握成拳状并下意识地用力，说明此时他的心中已经在暗下决心。另外还有专注地阅读谈判者所提供的关于协议的材料，眼神很灵活；表情随着你的介绍呈现不同的内容，表现出对协议很有兴趣；在听你的介绍或在阅读你的成品介绍资料的时候，头偏向一侧；在你介绍的过程中频频点头，并时不时地对你的观点表示肯定；开始自行核算成交的价格、条件等；认真地研究你所提供的资料，并向你咨询一些相关的细节；在谈话的过程中，手机铃声响起，却主动挂掉，继续听你的介绍；当你介绍到产品的某些优点之时，微笑着点头；不再对你的产品挑肥拣瘦，慢慢沉默下来。

朱氏箴言

要知道，如果你是卖方，你不去主动提出成交，很少有客户会主动说"我们来签合同吧。"因此，在大部分的情况下，让客户买单都需要由谈判者主动提出，而成交的时间却往往只有几秒钟。有经验的谈判者会用心倾听和观察，认真去理解对方所说的话，敏锐地捕捉成交的最好时机，在最恰当的时候拿出"订单"，促使对方变成合作伙伴。

面对困难时永不放弃，才可能迎来转机

谈判天生是伴随着压力的。在利益的驱使下，双方不断坚持、选择、僵持、胶着、让步，在这个过程中，不但考验的是谈判双方的能力和实力，同时也是一场意志力的较量。特别是在谈判陷入僵局的时候，双方都面临着放弃和坚持的选择，只有选择坚持的一方才会拥有更多成功的机会。

情景再现

陈翠如今已经是新联网传媒有限公司的经理。当她还是一个普通职员的时候，公司曾经遇到了一位潜在客户。这位客户一旦谈成，谈判者将能获得一笔十分可观的收益，因此很多人都和他谈过。可这位客户非常难伺候，大多数人在他那里都碰了一鼻子灰。但陈翠并不想轻易放弃，她觉得自己的运气不会太差，于是她决定去试一试。

在谈判之前，陈翠对这位客户的情况做了一番详细的调查。在调查中她得知这位客户是做家具生意的，在大多数情况下他不会做广告，即便是做了广告，一般也是采用平面媒体，每年的投入不过区区几万元，而在电视上的广告投入一年不会超过1000元。

陈翠经过了几番波折，才总算见到了这位客户。然而在见面后，任凭陈翠说得怎么天花乱坠，那位客户自始至终都坐在一边沉默不语。一直等到陈翠说得口干舌燥，他才缓缓说道："姑娘，你刚才说的这些我连一点兴趣都没有，所以你们的广告我是不可能购买的，你就不要浪费时间了。"

可是陈翠仍然没有放弃，她从来就不是一个会轻易认输的人，她决定坚持下去。她对客户说："如果我有更好的方案，你是否会考虑一下呢？"

"你的确是个很有意思的年轻人，如果你真的制订出了更好的计划，我愿意再次聆听。"

陈翠从客户的办公室出来以后，就在心里暗暗发誓一定要把这位客户拿下，她计划每个星期都拿出一个新的方案给这位客户，直到他满意为止。

在第二次拜访中，陈翠仍然没有取得任何进展，因为那位客户还是一言不发地听完了她的新方案，直到最后才抛出一大堆根本不具有任何实质意义的问题。

第三次拜访，陈翠依然不出意外地失败了。

可是她始终没有放弃。从那以后，她果真每个星期都会到这家公司来拜访这位客户，而且真的每次都会带来一个新的方案，和客户介绍 15 分钟左右，等时间一到就起身离开，绝对不会多耽误客户的时间。尽管客户仍然没有接受她的计划，然而由于经常去客户的公司，陈翠对他们的经营状况有了更多的了解，因此她也就逐渐为客户设计出了更好也更有针对性的方案。为了找到灵感，陈翠还把电视台里的所有广告全都看完了，并且不断地向制片人请教，请他们帮忙拍摄制作片花，像着了魔一样地在这件事上投入了大量的时间和精力。

功夫不负苦心人。一天，制片人让她看一段新录制的录像。录像的前面部分是一些普通的画面，但是当后半部分出现家具店的标志时，陈翠看到了一个像彗星尾巴一样缓慢拖动的家具店标志。她一下子感到兴奋不已，她立刻拿起电话打给客户，邀请他来看这段录像。

没想到这一次，那位难缠的客户在看完录像后，终于说出了这几个字："好吧，我同意了。"这时距离陈翠的第一次拜访已经过去了整整 52 周的时间。这一次，陈翠不仅获得了丰厚的回报，为电视台赢得了一个大客户，也为自己的工作经历中添上了浓墨重彩的一笔。

谈 判 之 道

就像歌里唱的，"没有人能随随便便成功"。陈翠正是靠着坚持不懈的努力才最终迎来了成功。持之以恒是通向成功的关键要素，经验丰富的谈判者必备的良好心理素质之一就是面对困难时永不放弃。

康德曾经说过："我已经给自己铺设了道路，我将坚定不移。既然我已经踏上了这条路，那么任何东西都不能阻止我沿着这条路走下去。"这句话同样适用于谈判者。谈判者一定要戒骄戒躁，改掉缺乏恒心的毛病，培养坚强的毅力，塑造持之以恒、坚持到底的性格，努力争取谈判对手的认同。同时还要学会自我激励与自我鞭策，不断增强自己坚持下去的动力。

1. 不执着于失去的

昨天的损失已经无法挽回，明天的损失也无法预料，只有今天的损失才是你可以掌控和避免的。西方有句谚语："不要为打翻的牛奶哭泣。"意思就是当你遭遇失败与不幸时，要保持一颗平常心，不要一直沉浸在昨天的失败和痛苦里无法自拔。作为一名谈判者，胜败乃兵家常事，要能够接受既成事实，及时调整自己的心态，扔掉包袱、轻装上阵，争取在下一轮的谈判中占据主动。

2. 不要被对方的言论所左右

作为一名谈判者，有时候很容易被对方的言论左右，最终导致谈判的失败。可是有经验的谈判者却不管谈判进行到什么程度，不管对方有怎样的态度，也不管眼前有多少难关，都会坚定不移地朝着自己的目标前进。

3. 学会反思、总结

有反思才会有进步，善于总结才能够发现问题所在，因此当谈判进行到某一个阶段后，或者在谈判陷入僵局的时候，谈判者要学会停下脚步，回过头来对前一阶段谈判中的得失、经验和教训等进行一番反思和总结，分析一下双方当前的处境，然后在此基础上思考如何才能让谈判从困境走出，迎来转机。

朱氏箴言

在谈判中感到沮丧的时候，谈判者可以重新审视一下自己的谈判目标和对手的利益诉求，从中找到一个切入点，然后激励自己"再试一次"。或许再试一次，谈判就可以迎来转机。

制订诱导策略，让对方跟着你的思路走

所谓诱导策略，是一种不给予直接答复，而是先讲明条件、说明理由，诱使对方做出决定的方法。该方法的特点是"不战而屈人之兵"，不动声色地说服对方，给对方一种安全感，让对方主动跟着你的思路走。

情景再现

在一家4S店里，有一位顾客看中了一款车，可是销售顾问和他谈了好久，顾客迟迟没有下定决心。他对销售顾问说："我想回去再考虑考虑，免得以后后悔。"

销售顾问笑着说："先生，您的顾虑我非常理解。确实有不少

客户会在一时冲动之下买了不切实际的车，事后想起来后悔，因此我现在也不强求您马上就买下这辆车。不过，我现在想请问您一个问题。"

顾客不解地问："什么问题？你说。"

销售顾问说："请问您买车是什么目的？"

顾客被问得莫名其妙，觉得销售是明知故问："当然是为了上下班代步，还有家庭的日常使用了。"

销售顾问诚恳地直视着对方的眼睛，开始缓缓地分析了起来："是啊，如果我没有记错的话，您的家离公司有挺长的一段距离，交通又很不方便。短期内您应该是不太可能换房子的吧，如果要解决上班的交通问题，最简单的办法就是买辆车了。您之前已经试驾过我们的这款车，相信您也非常清楚这款车的性能了。这款车的动力强劲，性能稳定，驾驶操作也非常简便，简直是为您量身打造的。而且车内的储物空间还十分宽敞，即便你们全家人外出郊游都不在话下。还有，这款车的外观大气、流畅，您开着它去谈生意也会非常有面子，真正是集家用、商用于一身。价格也合理，我看您之前也对比过很多款车，同样配置的商务用车的价格比它高出了十几万，经济用车虽然价格差不多，可是外观比起这款车来说就差远了。所以，这款车一车多用，既可以最大限度地满足您的实际日常需求，还可以为您的事业提供帮助，您想想是不是这样？"

顾客边听边点头："确实是……"

销售顾问挥了挥手里攥着的合同："先生您尽管放心，我敢担保您买了这款车，一定不会后悔。我们现在车库里有现车，黑色、红色、银色、白色都有，我这就带您去看看，您比较喜欢哪种颜色的呢？您觉得银色的如何？"

顾客低头沉默了一会儿，终于答道："还是黑色的吧。"

谈判之道

这位销售顾问在最后一次谈话中，并没有一味地劝顾客掏钱下单，而是循循善诱，引导对方去考虑自己买车的初衷，帮助顾客更清晰地认识自身需求，最终成功地促使对方下定了决心。其实在谈判过程中，有经验的谈判者也常常会像这位销售顾问一样，诱导对方将关注的重点放在自己最本质的需求上。

1. 制定一套行之有效的诱导策略，以备不时之需

想要诱导对方，既需要审时度势、随机应变，还需要做好充分准备。因此在谈判之前，谈判者可以根据对方最在意的需求，制订出一套卓有成效的诱导策略，以备不时之需。问题不需要太多，要的是少而精，能够切中要害。

2. 抓住机会，迅速成交

从心理学的角度来看，人们做出的决定本身是理性的，可是在何时做出决定却往往是感性思维的结果，受到外界许多客观因素以及人们自身情绪的影响。在谈判中，谈判者要敏锐地抓住可能成交的瞬间，迅速促成交易，切勿在一些无足轻重的问题上无

穷无尽地拖延下去，以免为整个谈判带来不好的结果。

3. 安抚对方的紧张情绪

当出现了成交的信号以后，假如此时对方有一些犹豫，谈判者就应该立即安抚客户的紧张心理，让他们确信选择成交是对他有利的正确决定，帮助客户建立起信心，从犹豫到果断拍板。

4. 强化对方的需要

有时候，谈判之所以会失败，原因很简单，就是你没有引起客户对你的产品或服务的足够重视，所以他还不会立刻购买。所以，谈判者需要在最短的时间里强化客户的需要，让对方感觉不成交就是一种损失。

5. 运用促单的关键句式

（1）"为什么"

当对方提出一个疑问时，谈判者首先应该先问一句"为什么"，如果对方的疑问只是个借口，谈判者可以很容易从对方吞吞吐吐的话语中判断出来。而如果对方确实有异议，谈判者也能够有针对性地去解决问题，而不是让对方一个问题接一个问题地追问。

（2）"是的……如果……"

通常而言，当客户提出一个拒绝的理由时，就希望得到相应的解决。对谈判者来说，只要自己的能力范围所及，不妨先认可对方的说法，然后再提出相应的解决方法，如"没错，这套衣服的颜色的确是暗了一些，假如有一套亮色的衣服，质量和价位都一样，您就会感到满意，是吧"？需要注意的是，使用这种方法的前提是切记不能超出自己的能力范围，特别是涉及降价问题的时候，更不能让步过多，以免对方会得寸进尺。

（3）"是的……正因为如此，所以才……"

这种句式的本质就是将对方拒绝的原因变成促使他接受的理由，比如"是的，这种保险的保费确实是比较高，但也正因为如此，所以您才更应该买它。高投入才会有高回报，您看，您花100元钱买一份意外险，在您需要的时候保险公司最多也就只能赔给您5000元，可是如果按照我们现在的保费和赔偿标准，您则可以获得10万元的赔付。保费高了10倍，但回报却多了20倍，您仔细算算这笔账，是不是更合算？"

朱氏箴言

在使用诱导策略后，谈判者可以在最后的环节将事先准备好的谈判协议取出，摆在客户面前。这样可以将对方的注意力吸引到成交的问题上来，而不至于在一些无关紧要的小细节上纠缠不休。

关注自己利益的同时，也要兼顾他人的利益

美国康奈尔大学的经济学家考希克·巴苏教授曾经说过这样一句话："只关注自身利益的最大化，而不考虑对方的利益，这是

最不明智的。"同样，在谈判中如果只关注自己的利益是肯定不行的，非但无法建立良好的关系，也无助于成交。

在谈判中，如果不懂得考虑对方的需求，一步都不肯退让，最后的结果只能是两败俱伤。这样的结局显然是谁都不愿意看到的。只有学会与竞争对手共赢，放下身段与对方合作，才能成为真正的赢家。所谓谈判，就是双方为了解决冲突而进行的沟通，也是双方在拥有共同利益和利益冲突的前提下，从对方身上获得利益的过程，是使双方达成共赢的过程，在这个过程中应该始终坚守双赢的理念。事实证明，如果要在竞争中实现双方利益的最大化，除了合作别无他法。

有经验的谈判高手通常眼光也看得长远，相对于让自己在谈判中获得最大的利益，他们更重视与对方建立起一种真诚而长久的合作关系，这才是他们追求的终极目标。所以，当他们在面对分歧与争执的时候，能在困境中看到机遇，才能镇定自若，轻松化解风险。当自己较强势的时候，不会仗势欺人，恃强凌弱，而是会依靠自己的个人魅力去赢得对方的尊敬。而当自己处于弱势的地位时，也能不卑不亢，不轻言放弃，坚持到底，奋力争取。在自己获得成功的同时，也会使对方同样受益，这才算真正领悟到了谈判的真谛。

情 景 再 现

美国国务卿基辛格曾经在一次美国国际海底资源开发会议上

提出一项建议，提议由联合国的附属机构国际海底管理局作为甲方，由私有或国有企业作为乙方，双方"平行开发"海底矿藏。对此，许多发展中国家担心那些技术发达的国家会将最好的采矿地占为己有，所以各个国家在会议上各执己见，争论不休，相持不下，会议气氛逐渐变得紧张。就在与会各方互不相让的时候，基辛格提出了一种解决方案，他提议每一家申请预定矿址的公司都要事先探明一块面积足够大的可开发资源，然后再将所探明的区域分成两部分，供两家公司共同开采，而申请方拥有优先挑选的权利。这个建议很快就获得了与会者的同意，会议才得以继续往下进行。

谈 判 之 道

在这场谈判中，谈判的各方之所以能够达成一致，就得益于基辛格的双赢思路。每一个矿区都可以供两家公司开发，由双方共同采集资源，谈判的一方担心独占的问题自然也就迎刃而解了。谈判其实就是一场双方的博弈，彼此之间不仅有竞争，还有合作，但终归都是以双赢为目的。在关注自身利益的同时，还应该关注他人的利益，这样才能真正实现共赢。各参与者都要奉行"双赢"原则，达成共识，要善于突破双方的对立和冲突，寻找到双方共同的需求，促使谈判取得最后的成功。对于有经验的谈判者来说，双赢就是他的谈判准则之一，在成就自己的同时也成就别人。

1. 树立双赢的观念

追求双赢是双方能够长久发展与合作，并在竞争中拥有更强实力的关键，假如双方无视"双赢"的观念，而是各自为政，即便其中的一方暂时获得胜利，也势必难以长久维持。因此谈判者在发生矛盾和冲突时，要从双方共同的利益出发，本着双赢的原则，取长补短，在彼此谅解和相互的妥协中达成统一，促使谈判趋向互利互惠的"正和"状态，千万不要只以自己的利益最大化作为唯一的准则。

2. 要换位思考

有经验的谈判者一定要学会换位思考，因为这样做能够让他人感受到被关心，在坚持立场，维护自身利益的同时也照顾到对方的利益，这才能真正实现谈判的双赢。

3. 诚实守信与信赖他人

在谈判中，如果双方互相防备、斤斤计较、出尔反尔，只会带来相互的伤害，而不可能形成良好的合作关系，其结局只能是两败俱伤，双方的利益都受到损失。要破解这个困局，有一个前提条件是"诚信"与"信赖"。只有相信他人会为你的利益着想，才会同样为他人考虑，双方的思想和决策才能达成一致，实现双赢。

4. 找出双赢的解决方案

成功的谈判往往都有一个共同点，那就是都建立在双赢的基础上，完美的双赢式谈判手段可以较容易赢得对方的认可和信任，同时可以实现双方的利益。有经验的谈判者需要对双方的共同利益有一个准确的把握，并就双方的分歧进行协商，制订出可以实现双赢的解决方案。

朱氏箴言

在谈判中，说"这对贵方来说，并不是一件好事"比"我不能接受这样的条件"的说服力更强。面对一些难以调和的矛盾与分歧，谈判者不妨试着站在对方的角度去分析问题，这样将更容易获得对方的认可。

满足情感需求，想方设法让对方觉得赢了

谈判不是比赛，只有利益分割的大小之分，输赢的本身并不重要，如果非要争个输赢对错，处处压对方一头，结果可能适得其反。

情景再现

有一对年轻的夫妇想买一套房子作为婚房。几经波折后，他们终于选中了一套房子。这套房原本也是房东的婚房，后来由于家里人口增加，空间不够大，需要换房，才想卖掉换一套更大的。这套房户型合适、交通便利，价格也合适，然而房东不太好说话，

在沟通的过程中提出了一大堆的条件。这对年轻夫妇一再忍耐，最后和房主商定先付定金3万元，等下周一就带上相关材料一起去办理过户手续。

到了周五的时候，年轻的夫妇提出再去看一下房子。看着房间里精致的装修，两口子越看越满意，一时高兴之下妻子对房东说了一句："交房之前，麻烦你们把房子收拾一下。"在一边微笑着陪同他们的房东脸色一下子变了，似乎有什么话，不过最后还是忍住了，什么也没说。第二天，房东给这对夫妇打电话，说房子不卖了，把定金退给他们。这对年轻夫妇莫名其妙，不知道因为什么，原来问题就出在妻子的那句话上。那位房东将这套房子视为幸福家庭生活的象征，对它的感情很深，现在转卖本就有些依依不舍，而妻子看房时说的那句话却给了对方一种"房子也不过如此，还得收拾一下才能交房"的感觉。这么看来，对方的反悔也就不意外了。

谈 判 之 道

相信有不少谈判新手都曾经遇到过类似的窘境。他们只一味地关注自己的利益，却忽略了对方的感受，无意中让对方产生了一种上当的感觉。在这样的情况下，想要达成协议几乎是不可能的事。适当地满足对方的需求，才是促成交易的有效手段，不仅要有合适的价格，能解决对方的痛点，而且还要注意满足对方的情感需求。

正因为如此，对于有经验的谈判者而言，谈判不但要把握对方的物质需求点，还要重视对方的心理需求，哪怕只是让对方在心理上觉得自己占便宜了，让对方觉得由于自己在谈判过程中锲而不舍的努力，所以才取得胜利的结果。

实际上，有经验的谈判者即使是占了优势，也会采取措施让对方得到好处，千方百计地让对方产生赢的感觉。这也正是谈判的最高境界。

1. 倾诉自己的无奈

在必要的时候，谈判者不妨向对方倾诉一下自己的无奈，强化对方的自我满足感。例如，在对方的利益得到保证时，用一种无奈的口气说："我是真的没办法了，再这样下去，我连成本都要保不住了。"这样说并不意味着你真的要亏本去做生意，而是让对方感觉他争取到的每一次让步都来之不易，这样他才会珍惜。

2. 说说对方的收益

有时候，人们在谈判中之所以会斤斤计较，抓住某些细节不肯放松，并不一定是因为看重该细节而坚持，还有一种可能性是因为这样做可以让他们获得一种满足感，或是获得了一种获益的快感。就像有些人在买东西时，即使明知道商品的价格已经优惠很多了，也还是忍不住要砍砍价，为的就是享受那种砍价的乐趣。因此，为了让对方有种赢的感觉，谈判者可以向对方详细说明一下他在你的这次让步中得到了什么收益，让他产生成就感。

3. 增加讨价还价的难度

越是容易做到的事情，人们越不容易留下深刻印象；反之，越困难的事情一旦实现了，就越容易给人们非常强的成就感。因此，想要让对方产生赢了的感觉，一个最简单的方法就是给妥协设置高一点的门槛，自己做出的每一次让步都要让对方反复争取才能达到。

4. 不怕讨价还价

要想取得谈判的成功，就不能害怕讨价还价。这是因为有讨价还价的机会，比起一口价来说更容易让人有成就感，除非双方都对彼此非常了解，而且对整个交易过程了如指掌。在经过一番唇枪舌剑、讨价还价之后，如果对方得到了让步，他就会觉得是自己的努力得到了回报，即使没能达到他的最终目标，他也会不自觉地认为当下已经是最好的结果。

朱氏箴言

谈判者在做出让步之后，或者在谈判即将结束的时候，可以这么说："这场艰苦的谈判终于结束了，原本我方只打算投入……没想到最后却付出了双倍的代价。"这样说会让对方感到自己实实在在地赢得了胜利。

谈判成功只是开始，全力做好履约事宜

在许多谈判者的心目中，最后的成交和签订协议是谈判最重要的一个环节，前期所有的努力和付出都是为了最后拿到那一纸协议。可是对于经验丰富的谈判者而言，真正的合作关系是在成交之后才开始的，千万不要认为客户购买了你的产品，谈判与合作就结束了。

情景再现

有一个养殖场和一家农产品加工厂签订了一份合作协议，由养殖场为加工厂提供新鲜肉类，而加工厂负责加工和销售。养殖场的负责人口才出众，在谈判中凭着三寸不烂之舌，最终以比市场价高的价格与加工厂签了单。签订协议那天，养殖场负责人有点儿得意忘形，连合同里的内容都没怎么细看。

不料，等到了养殖场去交货的时候，加工厂方面却拒收了，理由是养殖的时间不够，肉质不合格。当养殖场负责人拿着合同准备去和对方理论的时候，这才发现当初签协议的时候，对方附加了许多条件，包括对肉类的品质、交货时间、养殖时间等，都有着十分细致的要求。按照这些标准，他养殖场里现有的货八成以上都不合格，这下他开始慌了。

谈 判 之 道

在这场谈判中，养殖场的负责人原本以为自己捡了便宜，没想到最后便宜没捡到，反而付出了惨痛的代价。假如当初他能够摆正心态，不只着眼于签单，而是能多为双方未来的合作关系多考虑一些，事情的结局也就不会闹到如此尴尬了。实际上，有经验的谈判者一般都会把谈判结束看作一个新的起点，在签单以后会尽心尽力做好接下来的每一件事。

在签订协议之后，双方的合作、磨合才算真正开始，这一点是毋庸置疑的。所谓"善始善终"，"善始"并不难，难就难在"善终"。有经验的谈判者为了充分保障自己的利益，为了建立长久的合作关系，往往会亲力亲为，将优质服务落实到每一个环节。

1. 亲自参与制订合约

他们会亲自参与到合约的拟定工作中去，从协议的初稿到最后的定版，他们会仔细地深入研究其中的每一个细节，反复修改协议中对己方不利的部分，还会把原文件和修改后的文件逐一进行对比，确保不会出现任何一处纰漏。而且，他们还会在把合约交给对方之前，确保让团队中的每一个成员都浏览一遍，以便能够及时发现其中的不当之处，并及时修正过来。即便确实无法亲自去拟定合约的，他们也会积极参与到合约确定的每一个环节中去。因为他们心里清楚，正确无误、合理公正的合约是谈判成功的标志，同时也是检验谈判结果和谈判条款落实的重要依据。

2. 卖主要做好善后服务

作为卖主，有经验的谈判者还会尽可能地做好善后工作。因为他们知道，良好的售后服务不但可以让自己做到"善终"，提升产品质量和服务形象，增加客户的回头率，还可以为自己赢得口碑，为自己带来长久的人脉网，保障企业利润的最大化和长久化。

他们态度总是彬彬有礼，会感谢客户提出的任何一个意见或问题，不会表现出一丝一毫的不耐烦或焦躁；当客户在发泄不满和抱怨时，他们不会推诿或是以各种借口故意拖延问题的处理，为客户获取相关服务和补偿设置障碍，令他们知难而退，自认倒霉，最后不了了之。这样做尽管在短期内或许会有些效果，但同时不可避免地严重伤害了客户的感情，会降低客户的满意度，极易造成客户流失。他们会面带微笑地使客户的不满情绪在服务过程中烟消云散，获得心灵的满足；他们还会把客户的事当作自己的事情去看待和处理，急客户之所急，想客户之所想，让客户从精神上体会到当了一把"上帝"的感觉。

3. 买主要做好付款和收验货工作

作为买主，应积极筹备货款，及时付款，并做好接货、验货的准备。一旦发现问题，应该第一时间与卖家沟通，确保自己的每一项利益都能够得到落实与保障。

朱 氏 箴 言

在签订合约时，谈判者要坚持数字化原则，即尽可能地用数字准确地表述涉及的所有义务、责任、范围、时间等细节。这样做的好处是清晰明了，既可以确保自身的利益不受损害，同时还可以避免后续在出现问题时相互扯皮的情形。

掩饰成功时的喜悦，给客户祝贺与赞美

到了谈判的最后阶段，谈判者已经和对方达成了一致，基本上也就算是把这个订单拿下了。然而，这个阶段客户也最容易感到后悔，在签单后的一段时间里发生反悔的现象也屡见不鲜。这是因为协议的一方之所以同意签字，很有可能是受到了另一方的诱导和刺激后的一种冲动行为。如果他对自己的决定动摇了信心，就会生出悔意，让双方之前的努力前功尽弃。

情 景 再 现

销售员："这份保险可以合理地利用您的闲置资金。"

客户："不错，我也这么认为。可是，我有一个同学就在保险公司，她正在帮我设计一份最适合我的保险呢。"

销售员："您的同学一定会替您全面考虑，给您设计出一份完

美的保险。想必，您的同学一定知道您目前的收入状况吧?"

客户："这个嘛，他怎么好意思问呢?"

销售员："是这样啊，但是这是非常重要的。保险的设计一定要以保险人或他的整个家庭收入与支出为依据，这样才会让保险额度充足，而客户的负担也不会加重呀!"

客户："我同学推荐给我的保险很不错的，听他说是 6 倍型的呢。"

销售员："这个保险我知道，额度很高，只是它不具备终身性。"

客户："难道终身保险就好吗?"

推销员："那可不? 现在人们活到七八十岁绝对没有问题，一般人 60 岁之前就退休不用工作了，如果退休金和储蓄不足以养老，那么保险就是另外一份退休金。这样不光可以满足自己的生活需要，还能减轻孩子们的负担。您说是不是终身保险好一点?"

客户想了想，觉得这个销售员说得很有道理。

客户："看来，你对业务非常熟悉，并且能从我们客户的角度出发考虑问题。那你帮我设计一份吧，我就从你这里购买了。"

销售员："那太好了!"

销售员还兴奋地小声说了一句:"我终于成功了!"

客户听到销售员这句小声的嘀咕后觉得不可思议，心想:我会不会上当呢? 于是，客户连忙说:"请等一下，我想我还是先问一下我的同学再做决定吧。"

谈 判 之 道

如果这个销售员能掩饰一下自己的喜悦心情，这笔生意就做成了。有时正是这样一个小小的动作影响了大局面。因此，当对方在协议上郑重地签上了自己的名字时，有经验的谈判者会不失时机地送上自己的赞美和祝贺，让对方感觉自己此刻的决定是英明而正确的，从而对自己这段时间的努力和取得的成果感到满意，为后期的合作奠定坚实的基础。

具体来看，有经验的谈判者会特别注意做好以下几点。

1. 赞美客户

在许多情况下，尽管客户已经同意成交，但他可能仍然会有一些顾虑，甚至可能会有一点紧张。这个时刻至关重要，因为客户在这个时候会特别需要友好、温暖和真诚的抚慰，以帮助自己度过这段难熬的时间。

心理学研究表明，被别人承认是一种普遍的心理需求，人们非常渴望得到他人发自内心的肯定和赞美。所以，在人与人的交往中，适度的赞美不仅能够拉近人与人之间的距离，也可以打开一个人的心扉。在谈判的最后阶段，能够让对方坚信自己决定的最好方式，莫过于再给对方一句真诚的赞美了。如果运用得恰到好处，往往会收到出乎意料的效果。

因此，在这个时候可以用轻松愉快的口吻，赞许客户的眼光，消除客户紧张不安的情绪，增强客户对自己的决定的信心，给他一种"你的决定非常明智"的心理暗示。在必要的时候，你甚至可以站在客户的角度，去对合同条款阐释一番，帮助客户解决一些实际的问题。比如，你可以这样说：

"先生，您真是有眼光，您挑选的这份保障既实惠又全面。"

"先生，我坚信在您的带领下，贵公司一定能够蒸蒸日上，成为行业的领军者。"

"先生，我想以您的睿智和眼光，贵公司将来一定能够大展宏图。"

2. 祝贺客户

在谈判的最后，不管对方之前做得有多差，谈判者都不妨和对手亲切地握一握手，明确地对他表示祝贺，比如，"祝贺您刚刚完成了一笔大生意""预祝我们合作愉快"，让对方感觉自己已经取得了胜利。但是谈判者切记不要表现得太过喜形于色，那样容易让对方对自己的决定产生怀疑。

3. 有礼有节地结束谈判

结束谈判是销售后续工作中的第一步，目的并不是要从客户那里获得什么实质性的评价，而是以退为进，通过满足客户的自我满足感，来强化客户的成就感。比如，"很高兴我们能够达成协议，使这段艰苦的洽谈终于有了一个圆满的结果。我们真诚地感谢贵方对我们的帮助、信任和认可，接下来我们会整理一下协议"。这样既做足了礼仪功夫，又能留有余地。

4. 热情地送别客户

在主场谈判中，当对方签完字，准备离开时，主场谈判者应该热情地送别，不要不理不睬或者马上转身去忙其他的事情，任由对方自行离开。要知道，合作是没有尽头的，一次谈判的结束就是下一次合作的开始。像初次接待对方的到来那样热情地送对方离开，这样当他下次有新的需求或是他周围的人有需求时，他才会在第一时间想到你。

朱氏箴言

一百句华而不实的赞美，也不如一句真诚而具体的赞美来得实在。谈判者在赞美对方时，可以说"这么小的细节您也能注意到，您的细致、耐心真是令人佩服"，让对方感觉到你非常重视他的优点和取得的成绩，你的赞美是真诚、亲切和可信的。